Bildnachweis:

Archiv für Kunst und Geschichte, Berlin: 21, 27, 43, 52, 53, 54, 59, 61, 83, 87, 89, 91, 93, 117, 119
Harenberg Kommunikation Verlags- und Medien GmbH & Co. KG, Dortmund: 26, 32, 48
Interfoto Pressebild-Agentur Bildarchiv, München: 10, 13, 17, 19, 20, 25, 29, 33, 35, 39, 44, 46, 50, 56, 57, 64, 65, 67, 69, 77, 84, 104, 107, 108, 109, 114
Keystone Pressedienst, Hamburg: 8, 12, 15, 22, 28, 37, 38, 55, 68, 70, 71, 72, 78, 79, 81, 88, 92, 95, 96, 113, 115, 118, 121, 122
Sipa Press, Paris: 9, 11, 14, 23, 51, 63, 73, 75, 94, 97, 105, 123

Da die Urheber des Bildmaterials nicht in allen Fällen ermittelt werden konnten, wird gegebenenfalls um Mitteilung gebeten.

Gestaltung, Realisierung und Satz: Meidenbauer • Martin Verlagsbüro, München
Text und Redaktion: Michaela Didyk, Sabine Kurz, Stefan Spang, Dr. Martina Stoyanoff-Odoy, Monika Poertgen, Sonya Mayer
Umschlaggestaltung: Hubert Medien Design, München
Copyright © 2000 by Tosa Verlag, Wien
Druck: Mladinska knjiga tiskarna d. d.

ISBN 3-85492-176-4

Diktatoren

Die größten Tyrannen und Despoten der Weltgeschichte

tosa

Inhalt

Der ganz alltägliche Terror

In Zeiten besonders großer Gefahr, bei Katastrophen, im Krieg, während extremer Wirtschaftskrisen, Hungersnöten oder Epidemien - immer dann, wenn das Zusammenleben, gar das Überleben einer Gemeinschaft bedroht ist, wird oft einem Einzelnen geradezu unbegrenzte Macht zugebilligt, damit er die Dinge wieder in Ordnung bringt. Ist die Gefahr überwunden, sollten die normalen Gesetze und Rechte wieder in Kraft treten.

Im alten Rom, in dem der Begriff geprägt wurde, war das Amt des Diktators genau geregelt. Nach Erledigung einer genau bestimmten Aufgabe, spätestens nach sechs Monaten, musste er zurücktreten und seine Machtbefugnisse wieder abgeben.

Die Hamburger Flutkatastrophe 1962 bewältigte der junge Innensenator Helmut Schmidt, indem er unter Umgehung von Vorschriften die Initiative an sich riss. Das "diktatorische" Vorgehen brachte ihm große Sympathien in der Bevölkerung und leitete seinen politischen Aufstieg bis ins Bundeskanzleramt ein. Nichts Böses also? Warum hat die Diktatur dann aber weltweit einen so schlechten Ruf?

Das liegt ganz klar an den Diktatoren selbst. Sie sind meist Menschen, die mit allen Mitteln an die Macht streben und an ihr festhalten. Und dazu sind ihnen alle Mittel recht: Demagogie, offener Gesetzesbruch, Eroberungsfeldzüge, Raub, Folter und sogar Mord.

Seit der Zeit der Tyrannen im antiken Griechenland gibt es Menschen, die Macht und absolute Herrschaft nur für sich alleine erreichen wollen. Seit damals verläuft dies immer nach dem gleichen Schema. Unter Berufung auf eine höhere Idee, zum Beispiel göttliche Berufung, das wahre Wohl des Volkes, eine bessere Zukunft etc. oder auch durch den Hinweis auf einen Notstand, den es zu beheben gilt, wird die Macht erobert. Im Anschluss daran wird meist die bisher geltende Ordnung zerstört. Die politischen Gegner werden mundtot gemacht oder vernichtet und die Gefolgsleute belohnt. So hat es Kaiser Nero in Rom gemacht. So sind auch Maximilien Robespierre, Adolf Hitler, Somoza, Idi Amin und Fidel Castro vorgegangen.

Der Vorgang der illegitimen und gewalttätigen Machtübernahme ist quer durch die Geschichte, durch alle Länder und Kulturkreise und jenseits aller Motive, die ihn begleiten, immer der gleiche. Am Ende bietet sich stets das gleiche Bild: Eine zerstörte gesellschaftliche Ordnung und oft unsagbares Leid der Menschen. Wer ganz oben steht und auf alles und alle herabblickt, wer über alles verfügt, aber niemandem verfügbar ist, der empfindet sich als außerhalb der menschlichen Verhaltensnormen, als jenseits von Recht und Gesetz, als gottgleich.

„Bedenke, dass du sterblich bist", flüsterte ein Sklave im alten Rom dem siegreichen Feldherrn während seines Triumphzugs zu. Bewirkt hat dieser Rat auch damals schon nichts.

Das Gefühl der Allmacht beschwört die dunkle Seite im Menschen, seine ungebändigten Triebe, seine geheimsten destruktiven Phantasien. So sympathisieren wir zwar mit den humanen Idealen des jungen Rechtsanwalts Maximilien Robespierre. Wir begleiten seinen historischen Kampf um die Freiheitsrechte des Bürgertums mit Wohlwollen, weil es unsere ureigensten Rechte sind.

Doch wir beobachten mit Schrecken, wie er der Verkündung der unteilbaren Menschenrechte ein kalt kalkuliertes Blutbad, eine Orgie der Massenhinrichtungen folgen lässt.

Der farbige Arzt François Duvalier kümmert sich als Landarzt aufopfernd um die Armen Haitis. Er entwickelt ein Programm zum Kampf gegen Epidemien. Wir bewundern sein geradezu revolutionäres Engagement in diesem hoffnungsarmen Land, das unter dem Joch des Kolonialismus leidet. Dagegen sehen wir fassungslos den gnadenlosen Terror und das kultische Morden des gleichen Menschen, der die karibische Insel in den Untergang treibt.

Der Schrecken über menschliche Untiefen und der Horror der Diktatur führen uns vor allem eines vor Augen: Den Wert unserer Freiheit in einem demokratischen Staat. So frustrierend das politische Tagesgeschäft manchmal erscheinen mag, so wenig es Sicherheit vermittelt und Schutz bietet - die Freiheit von Willkür, die Freiheit zur eigenen Entscheidung ist ein unschätzbares Gut.

Das vor allem wird uns bewusst, wenn wir den Opfern der Schreckensherrschaft in die dunklen Kerker des Heinrich VIII., zur Guillotine des Maximilien Robespierre oder in die Konzentrationslager des Adolf Hitler folgen.

Nigeria im Griff des Militärs
Sani Abacha

1993 wurde General Sani Abacha nach einem Militärputsch Präsident Nigerias. Schwere Menschenrechtsverletzungen während seiner Regierungszeit isolierten das afrikanische Land zusehends. Pressezensur, Korruption und Schauprozesse sowie die Verhängung der Todesstrafe gegen Regimegegner und Oppositionelle waren in den knapp fünf Jahren von Abachas Herrschaft an der Tagesordnung.

Sani Abacha
Daten und Fakten

1943	* in Kairo
1985	Abacha initiiert Putsch gegen Muhammadu Buhari
1990	Abacha wird Verteidigungsminister
1993	Abacha entmachtet Interimsregierung unter Ernest Shonegan
1995–1998	Hinrichtungswellen, denen Oppositionelle zum Opfer fallen
1998	(undemokratische) Präsidentschaftswahlen
1998	† durch Herzinfarkt

Sani Abacha regierte Nigeria fünf Jahre lang mit eiserner Faust.

Mini-Idi Amin, wie die französische Tageszeitung Le Monde Präsident Sani Abacha in Anspielung auf den ugandischen Diktator nannte, nutzte politische Spannungen in seinem Heimatland stets geschickt für seine Zwecke. Die Rivalität zwischen ethnischen und religiösen Gruppen prägt die nigerianische Gesellschaft seit jeher. Die mehrheitlich muslimischen Haussa, die den Norden des seit 1960 unabhängigen Staates besiedeln, bilden die politische Führungsschicht. Im Südwesten des Landes, wo sich bedeutende Ölvorkommen befinden, leben die Yoruba und die ethnische Minderheit der Ogoni.

In den 60er Jahren ist der Traum von der Unabhängigkeit der christlichen Ibos im Südosten nur von kurzer Dauer: 1967 wird der Staat Biafra gegründet, dem darauf folgenden blutigen Bürgerkrieg fallen mehr als eine Million Menschen zum Opfer. Das Militär stellt die Einheit Nigerias schließlich gewaltsam wieder her.

Der Aufstieg des Sani Abacha

Sani Abacha, der dem Stamm der Haussa angehörte, wird 1943 in Kano, im Norden Nigerias geboren. Nach seinem Schulabschluss tritt er in das Militär ein. An dem Staatsstreich des Generalmajors Muhammadu Buhari im Jahr 1983, der in der Entmachtung der Regierung von Alhaji Shehu Shagari gipfelt, ist Abacha bereits maßgeblich beteiligt. Der parlamentarischen Demokratie in Nigeria ist damit ein Ende gesetzt. Als im Jahr 1985 Generalmajor Ibrahim Babangida wiederum gegen Buhari putscht, gilt Abacha als eigentlicher Kopf dieser Aktion. Rasch avanciert er zum Stellvertreter Babangidas. 1990 wird er zum Verteidigungsminister ernannt.

Keine Chance der Demokratie

Nach zwei Jahren versucht Babangida, die Macht an eine Zivilregierung zu übergeben. So finden im Juni 1993 Präsidentschaftswahlen statt, aus der M. K. O. Abiola als Sieger hervorgeht. Doch die Militärregierung lässt die Wahl annullieren und setzt eine von Ernest Shonegan geführte Übergangsregierung ein.

Nun schlägt die Stunde von Sani Abacha. Demonstranten, die gegen die Annullierung der Wahl protestieren, lässt er mit Militärgewalt bekämpfen, ebenso wie die Teilnehmer eines Generalstreiks, den die Menschenrechtsorganisation Campaign for democracy organisiert hatte. Im November 1993 zwingt Abacha Shonegan zum Rücktritt und übernimmt alle Ämter des Staatsoberhauptes und den Oberbefehl über die Streitkräfte. Ausgestattet mit dieser Macht, löst der Diktator die gerade erst geschaffene Nationalversammlung auf und entlässt alle 30 Gouverneure. Sein Kabinett besetzt der erfahrene Militär überwiegend mit Zivilisten, unter ihnen Anhänger des um die Präsidentschaft gebrachten Abiola.

Zunächst lockert Abacha die strenge Pressezensur und stellt eine baldige Rückkehr zur Demokratie in Aussicht. Bald aber zeigt er sein wahres Gesicht. Die Demokratiebewegung Nigerias wird rücksichtslos unterdrückt, über 20 Zeitungen verboten, prominente Politiker inhaftiert, unter ihnen Abiola sowie der international angesehene ehemalige Staatschef Olusegun Obasanjo. Im Sommer 1995 beschuldigt ein geheimes Militärtribunal Obasanjo und einige seiner Mitstreiter eines angeblichen Putschversuches; 13 der 39 Beschuldigten werden zum Tode verurteilt.

Beim Besuch von Johannes Paul II. in Nigeria im Jahr 1998 sonnte sich Abacha in der Aufmerksamkeit der Weltöffentlichkeit.

Ken Saro-Wiwa: Hinrichtung trotz internationaler Proteste

Im Herbst 1995 werden der Bürgerrechtler und Dichter Kenule Beeson Saro-Wiwa und acht seiner Gefolgsleute im Gefängnis von Port Harcourt gehängt. Es ist offensichtlich, dass hier nach einem Scheinprozess ein unbequemer Regimekritiker beseitigt werden soll. Saro-Wiwa, ein Angehöriger der Ogoni, hatte stets lautstark gegen die Zerstörung der Heimat seines Volkes durch die Erdölförderung protestiert. Die Hinrichtung stößt weltweit auf großes Medieninteresse und führt zu vehementen Protesten. Großbritannien, Frankreich, Deutschland, Österreich, Südafrika und die USA ziehen daraufhin ihre Botschafter aus Nigeria zurück. Die Commonwealth-Staaten verhängen ein Waffenembargo gegen Nigeria. Papst Johannes Paul II fordert die Regierung Abacha zur Einhaltung der Menschenrechte auf.

Doch sämtliche internationalen Appelle lassen den Diktator kalt, gnadenlos lässt er weiter politische Gegner verfolgen. 1996 wird die Frau des inhaftierten Politikers Abiola auf offener Straße ermordet; sie hatte eine Kampagne zur Freilassung ihres Mannes angeführt. Die Regierung schließt daraufhin die Ibadan-Universität, wo tausende aufgebrachter Menschen gegen diesen Mord protestierten.

Blutige Verfolgung der Opposition

Zwei Jahre später, am 25. April 1998 finden Präsidentschaftswahlen statt, die allerdings zur Farce werden: Die Militärregierung erteilt nur linientreuen Parteien die Zulassung. Empört appellieren Oppositionelle an die Bevölkerung, die Wahlen zu boykottieren. Tatsächlich beteiligen sich nur 10 Prozent der Wahlberechtigten an der Abstimmung.

Abacha veranlasst schließlich noch einen Prozess gegen 30 angebliche Putschisten, von denen sechs Angeklagte, unter ihnen sein ehemaliger Stellvertreter und zwei Minister seiner Regierung, zum Tode verurteilt werden. Auch dieser Fall staatlicher Willkür löst eine Flut internationaler Proteste aus. Zu weiteren Terrormaßnahmen Abachas kommt es jedoch nicht: Am 8. Juni 1998 erliegt der Diktator überraschend einem Herzinfarkt.

Er hinterlässt ein Land, dass trotz seiner reichen Erdölvorkommen in bitterer Armut lebt. Die Situation der Bevölkerung bleibt hoffnungslos: Experten gehen von einer Arbeitslosenquote von 30 Prozent aus.

Die Machthaber aus dem Militär hat das stets kalt gelassen. Im Zeitraum von 1990 bis 1994 versickern etwa 20 Milliarden DM, die aus dem Erdölverkauf stammen, in dunklen Kanälen.

Alleinherrscher im Osmanischen Reich
Abdul Hamid II.

Obwohl Abdul Hamid II. liberale Reformen durchführte, ist der schreckliche Despot unter dem Beinamen „Blutiger Sultan" bekannt. Um Auflösungserscheinungen in seinem Reich zu verhindern, löste der osmanische Herrscher das 1876 von ihm eingesetzte Parlament wieder auf und kehrte in seine alte Machtstellung als absoluter Alleinherrscher zurück. Er war der letzte Sultan, der in solch diktatorischer Alleinherrschaft regierte.

Abdul Hamid II.
Daten und Fakten

1842	* in Konstantinopel
1876	Abdul besteigt den Thron und gründet ein Parlament
1878	Unruhen: Abdul löst das Parlament wieder auf
1908	blutige Niederschlagung der Opposition
1909	Abdul wird entmachtet und nach Thessaloniki verbannt
1918	† in Konstantinopel

Sultan Mahmut II., der Großvater Abdul Hamids II., bringt 1839 Reformen auf den Weg, um über den militärischen Bereich hinaus die Strukturen des Osmanischen Reiches zu erneuern und nach europäischem Muster zu ordnen. Dazu gibt er ein umfangreiches Gesetzwerk in Auftrag, in dem all diese Neuerungen verankert werden. Dieses Kompendium erhält den Namen „Tanzimat", was so viel wie „Neuordnung" bedeutet. Die Tanzimat-Reformen sollen die traditionell absolute Machtposition der herrschenden Schicht im Osmanischen Reich den Anforderungen der Zeit anpassen. Mit Hilfe europäischen Wissens will man das alte Feudalsystem modernisieren und es so

letztlich ermöglichen, die autokratische Herrschaftsform zu sichern. Die Neuerungen, die sich anschließend in mehreren Phasen vollziehen, finden unter Abdul Hamid II. ihren Höhepunkt.

Zerfall und Auflösung im Osmanischen Reich

Dieser erblickt am 21. September 1842 in Konstantinopel als jüngster Sohn Sultans Abdul Mecid I. (1839-1861) das Licht der Welt. Im Alter von 34 Jahren übernimmt er die Herrschaft, nachdem sowohl sein Onkel als auch sein Bruder wegen Wahnsinns für regierungsunfähig erklärt wurden.

Als Abdul Hamid II. 1876 den Thron besteigt, befindet sich das Osmanische Reich bereits im Zerfall. Die Staatskassen sind leer. Es herrscht Krieg gegen Serbien und Montenegro, zudem greift Russland im folgenden Jahr an mehreren Fronten an, um Zugang zum Mittelmeer zu erhalten. Als die Truppen des Zaren die Stadt Edirne einnehmen und auf die Hauptstadt vorrücken, stimmt Abdul Hamid II. im März 1878 dem von Russland diktierten Friedensvertrag von San Stefano zu. Seine westlichen Provinzen darf das Osmanische Reich jedoch behalten. Am Widerstand der europäischen Großmächte, die ihre eigenen Interessen gefährdet sehen, scheitert es, dass Abdul Hamid II. diese an Russland abtritt.

Der Sultan nutzt die Balkankrise und die Kriegswirren geschickt, seine absolute Herrschaft wiederherzustellen. Im Februar 1878 löst er das Parlament für unbestimmte Zeit auf. Eine straffe Autarkie erscheint ihm als einziges Mittel, das aus-

Sultan Abdul Hamid II. war jedes Mittel recht, um sein vom Zerfall bedrohtes Reich zusammen zu halten.

MUSÉE DES SOUVERAINS. Nº I.

ABDUL-HAMID

M.F.C.C
déposé
PARIS

S. M. le Sultan.

Der „Blutige Sultan", hier auf einer zeitgenössischen Karikatur, verbreitete Angst und Schrecken.

nischen Reich nach europäischem Vorbild zu ordnen. Er errichtet in Konstantinopel eine Universität und mehrere Fachschulen, damit das Wissen aus dem Koran mit naturwissenschaftlichen Erkenntnissen verbunden werden kann. Ganz im Sinn panislamischer Ideen will er auf diese Weise Rückstände aufholen, so dass die islamische Welt das fortschrittlichere christliche Europa einholen kann.

Um die Einheit der Völker in seinem Reich zu betonen, erklärt Abdul Hamid II. die Gleichstellung aller Bürger, gleich welchem Glauben sie angehören. Zudem erneuert er das Rechtswesen umfassend.

Geschickt versteht es der Sultan, die Wirtschaftsinteressen der Europäer für seine Reichsreformen zu nutzen. Mit Hilfe französischer und englischer Finanzkreise saniert er die marode Staatskasse. An Deutschland vergibt er Rüstungsaufträge und Konzessionen für den Bau der Bagdad-Bahn, mit der er ein sichtbares Zeichen für die Zusammengehörigkeit aller Nationen seines Reiches setzen will. Dennoch fließt mit dem ausländischen Kapital auch Kritik ein, denn die Europäer verlangen Reformen und mehr Rechte für Minderheiten. Sie stacheln diese sogar zu Revolten an.

Einen blutigen Zusammenstoß zwischen armenischen Demonstranten und der Polizei nimmt Abdul Hamid II. als Anlass, die aufkeimende Opposition zu zerstören. Viele Mitglieder des 1889 heimlich gegründeten Komitees „Einheit und Fortschritt" emigrieren nach Genf oder Paris, um der politischen Verfolgung zu entkommen. Über die diplomatische Post, die nicht durchsucht wird, schmuggeln die Exilanten Zeitungen zurück ins Land, um die in der Heimat gebliebenen Mitstreiter zu unterstützen und zu informieren.

Diese „Jungtürken" fordern ab 1908 offen, dass die Verfassung von 1876 wieder eingesetzt wird. Türkische Truppen, die in Mazedonien stationiert sind, unterstützen diese Aktionen. Abdul Hamid II., der zunächst mit Entlassungen und Hinrichtungen reagiert, lenkt ein, da die Truppen mit dem Marsch auf Konstantinopel drohen. Widerwillig beruft er das Parlament wieder ein.

Im März 1909 versucht Abdul Hamid II. noch einmal, die Macht zurückzugewinnen. Die revoltierenden Truppen machen daraufhin ihre Drohung wahr: Sie rücken in Konstantinopel ein, verhaften den Sultan und rufen seinen Bruder zum „Schattensultan" Mehmet V. aus. Die Jungtürken übernehmen die Regierungsmacht. Abdul Hamid II. wird nach Saloniki verbannt, wo er bis 1912 bleibt. Er stirbt am 10. Februar 1918 in Konstantinopel.

einander brechende Reich zusammenzuhalten und vor den zunehmenden Eingriffen fremder Regierungen zu schützen. Dreißig Jahre regiert der „Blutige Sultan", seine Herrschaft geht als „zulüm" („Unterdrückung") in die Geschichte ein. Die Bespitzelung möglicher Gegner, eine scharfe Zensur aller Druckerzeugnisse und offener Terror ersticken jeglichen Widerstand im Keime. Politische Gegner werden eingekerkert oder verbannt.

Reformen und Terror

Dennoch setzt Abdul Hamid II. die Tanzimat-Reformen fort, um das öffentliche Leben im Osma-

Chaos und Terror in Uganda
Idi Amin Dada

Nach seiner Dienstzeit in der britischen Kolonialstreitmacht stieg Idi Amin rasch in der Militärhierarchie des gerade unabhängig gewordenen Ugandas auf. Mit 42 Jahren wurde er Oberbefehlshaber der Streitkräfte. 1971 stürzte er den Präsidenten Milton Obote und errichtete ein schwarznationalistisches Terrorregime, dem Hunderttausende zum Opfer fielen und das die Wirtschaft Ugandas ruinierte.

Idi Amin präsentierte sich gern als volksnaher Patriarch, hier mit Massai-Kriegern, die den traditionellen Schmuck tragen.

Idi Amin wird 1925 (nach anderen Angaben 1924 oder auch 1928) in Koboko (nach anderen Angaben Arua) in Nordwestuganda geboren. Er gehört dem kleinen Stamm der Kakwa an und ist Moslem. Amin ist einer der wenigen Schwarzen jener Zeit, die eine mehrjährige, wenn auch unzureichende Schulbildung erhalten. Wenigstens erlernt er das Lesen und Schreiben. Mit 19 Jahren tritt er 1943 als einfacher Soldat bei den King's African Rifles in Birma in die britische Kolonialarmee ein. Als Sergeant wird er 1953-57 im Kampf gegen die Mau-Mau-Bewegung in Kenia eingesetzt. Während seiner Dienstzeit ist der hühnenhafte Unteroffizier neun Jahre lang ugandischer Boxmeister im Halbschwergewicht.

Militärausbildung in Großbritannien

Noch in der britischen Kolonialarmee erreicht Amin 1961 als erster farbiger Soldat Ugandas den Offiziersrang. Ein Jahr später wird das heterogene Staatsgebilde unabhängig. Amin steigt zum Hauptmann auf und macht in den von britischen Offizieren geschulten und geleiteten jungen ugandischen Streitkräften rasch Karriere. 1963 nimmt er als Major an militärischen Schulungen in Großbritannien teil. Im Jahr darauf verlassen die Briten die ugandische Armee und Amin avanciert zum stellvertretenden Oberbefehlshaber im Rang eines Oberst.

Stammesfehden und innere Unruhen

In den Jahren nach der Unabhängigkeit kommt es innerhalb des jungen Staates schnell zu den

Idi Amin Dada
Daten und Fakten

1925	* in Koboko
1943	Amin tritt in die britische Kolonialarmee ein
1961	Amin wird erster schwarzer Offizier
1963	Militärausbildung in Großbritannien
1971	Amin stürzt Obote und wird Staats- und Regierungschef
1979	Tansanier und Befreiungskämpfer stürzen das Regime und vertreiben Amin. Er lebt heute in Saudi-Arabien.

Der Diktator trug in der Öffentlichkeit meist reich dekorierte Uniformen, um seine militärischen Verdienste zu betonen.

für die ehemaligen Kolonialgebiete Schwarzafrikas symptomatischen Spannungen und Krisen. Westliche Kultur und politische Ideologie treffen auf die Rivalitäten der verschiedenen Stammeskönigreiche, aus denen das Staatsgebilde zusammengesetzt worden war. Christentum und Islam konkurrieren mit den animistischen Religionen der schwarzen Bevölkerung.

Die Staats-, Verwaltungs- und Militärstrukturen sind von den Briten geschaffen und nicht aus historischen Zusammenhängen gewachsen. Ein Allgemeinwohl oder nationalstaatliches Interesse scheint es nicht zu geben.

1966 kommt es zum Konflikt zwischen dem sozialistisch orientierten ersten Premierminister Milton Obote und dem Staatspräsidenten und Stammeskönig von Buganda, Mutesa II. Amin setzt den König im Auftrag Obotes ab und kämpft seine Anhänger brutal nieder. Im Folgejahr wird er zum Oberbefehlshaber der Streitkräfte ernannt, 1968 zum Generalmajor befördert.

Amin versteht es, seine Machtposition zu bewahren und auszubauen. 1971 stürzt er Präsident Obote während dessen Aufenthalt bei der Commonwealth-Konferenz in Singapur. Amin wird am 5. Februar 1971 als neuer Staats- und Regierungschef vereidigt. Obote geht ins Exil nach Tansania und organisiert von dort aus den Widerstand gegen den Diktator. Von nun an ist der innerugandische Machtkampf auch ein latenter militärischer Konflikt zwischen den beiden Nachbarstaaten. Immer wieder kommt es zu bewaffneten Zusammenstößen an der gemeinsamen Grenze.

Terror im Namen des schwarzafrikanischen Nationalismus

Im Inneren errichtet Amin ein Terrorregime, das nach Schätzungen von Amnesty International im Lauf der Jahre insgesamt etwa 300 000 Menschen das Leben kostet. Gleichzeitig beginnt er, die Lebensgrundlagen des jungen Staates systematisch zu zerstören. Schon 1972 weist er die etwa 50 000 mit britischen Pässen in Uganda lebenden Asiaten aus. Sie bilden als Handel- und Gewerbetreibende die dünne Mittelschicht und damit das Rückgrat der Wirtschaft des Landes. Im folgenden Jahr enteignet Amin die britischen Firmen in Uganda und entzieht dem Land dadurch Investitionskapital und wichtiges Know-how. Hintergrund dieser katastrophalen Maßnahmen ist ein dumpfer schwarzafrikanischer Nationalismus Amins, der jenseits von Freund-Feind-Denken und der Sprache von Tötungsritualen keine Vorstellungskraft besitzt.

Außenpolitisch gerät der Diktator zunehmend in Isolation. Als Moslem ändert er die vormals israelfreundliche Politik des Landes radikal. Er unterstützt palästinensische Terroristen und findet Freunde bei den staatsterroristischen Systemen Libyens und Syriens. 1976 bricht Großbritannien die diplomatischen Beziehungen zu Uganda ab.

In den gesamten 70er Jahren kommen die Unruhen im Land nicht zum Erliegen, mehrere Anschläge gegen Amin scheitern ebenso wie tansanische Invasionsversuche. Im Herbst 1978 kann Amin den Einmarsch aus Tansania noch einmal abwehren.

Als im Januar 1979 Tansanier und ugandische Befreiungskämpfer erneut angreifen, bricht das Regime zusammen. Amin flieht ins Exil, erst nach Libyen, später nach Saudi-Arabien. Dort lebt er heute mit einem Teil seiner Sippe am Rand der Hafenstadt Dschidda. Seine Versuche, den Kampf um die Macht in Uganda erneut aufzunehmen, waren bisher zum Scheitern verurteilt.

Vom Bauernsohn zum mächtigsten Mann Syriens
Hafez al-Assad

Dem syrischen Staatschef und General Hafez al-Assad gelang es während seiner langen Amtszeit, sein Image als gewiefter Taktiker und Diplomat zu pflegen, obwohl seine Herrschaft von Korruption, Menschenrechtsverletzungen, Folter und Morden an politischen Gegnern gekennzeichnet war.

Hafez al-Assad
Daten und Fakten

1930	* in Kardhaha
1963	Assad ist an dem Staatsstreich durch die Baath-Partei beteiligt
1966	Ernennung zum Verteidigungsminister
1970	Sturz des Präsidenten; Assad kommt an die Macht
90/91	Assad unterstützt die USA im Golfkrieg
2000	†

Im Namen der arabischen Einheit unterstützte Assad terroristische Gruppen im Libanon und in Syrien.

Hafez al-Assad – das bedeutet zu deutsch „Hafez der Löwe" – kommt etwa 1930 in dem syrischen Dorf Kardhaha als Sohn armer Bauern zur Welt. Die Familie gehört den Alawiten an, einer muslimischen Minderheitensekte, die nur etwa 10 Prozent der syrischen Bevölkerung stellt.

Diese Religionsgemeinschaft, in deren Mittelpunkt anders als im klassischen Islam ein dreifaltiger Gott steht, entwickelte sich aus einer extremen Form des mittelalterlichen schiitischen Islams. In den Augen der mehrheitlich sunnitischen Syrer galten die Alawiten lange Zeit als Häretiker. Sie wurden in vielerlei Hinsicht diskriminiert, so blieb ihnen unter anderem der Zugang zu wichtigen Staatsämtern verwehrt. Im Normalfall stand den Alawiten aus diesem Grund nur die Militärlaufbahn offen.

Rascher Aufstieg im Militär

So entscheidet sich auch der junge Assad nach seinem Schulabschluss für einen Eintritt ins Militär. Schon als 16-Jähriger soll er sich für nationalarabische Ideologien begeistert und der Baath-Partei angeschlossen haben. Nach dem Abschluss der Militärakademie von Homs avanciert Assad zum Staffelkapitän der Luftwaffe. Er ist zu diesem Zeitpunkt erst 29 Jahre alt, er hat also sehr schnell Karriere gemacht.

1963 ist er Mitglied einer Kommission der Baath-Partei, die den Staatsstreich vom 8. März vorbereitet. Im folgenden Jahr wird Assad zum General und Oberbefehlshaber der Luftwaffe ernannt. Im Zuge einer Regierungsumbildung, bei der sich der radikal-revolutionäre Flügel der Baath-Partei durchsetzt, erhält Assad 1966 den Posten des Verteidigungsministers. Unverzüglich beginnt er, Schlüsselpositionen mit ihm persönlich ergebenen Männern zu besetzen. Auch baut er die militärischen Geheimdienste zu einem effektiven Machtinstrument aus, was ihm in der Zukunft von großem Nutzen sein wird.

Schon während des Sechs-Tage-Krieges gegen Israel 1967 versucht Assad, die Macht an sich zu reißen. Dies schlägt allerdings fehl, erst drei Jahre später gelingt ihm die Herrschaft zu übernehmen. Mit dem unblutigen Sturz des bisherigen Staats- und Ministerpräsidenten sieht Assad seine Stunde gekommen. Seinen Rivalen und früheren persönlichen Mentor General Salah al-Jadid, lässt er verhaften. Jadid wird erst 1993 aus dem Gefängnis entlassen, kurz darauf verstirbt er.

Assad aber wird durch diesen Schachzug Präsident und zugleich Generalsekretär der Baath-Partei. Sein politisches Credo lautet: „Ich bin syrischer Nationalist, Soldat und Pragmati-

Beim Staatsbesuch in der Bundesrepublik 1978 trifft Assad mit Kanzler Helmut Schmidt zusammen.

ker. Ideologisch werde ich die Russen hier niemals Fuß fassen lassen. Doch ihre Militär- und Wirtschaftshilfe nehme ich, solange sie uns nützt."

Innenpolitisch beweist Assad immer wieder Härte. Politische Gegner werden inhaftiert, gefoltert und exekutiert, Protestbewegungen rücksichtslos und blutig niedergeschlagen. Als die muslimische Bruderschaft im Jahr 1982 in der Stadt Hamah revoltiert, lässt er etwa 20 000 Aufständische ermorden und die Stadt beinahe dem Erdboden gleichmachen. Trotzdem gelingt es ihm, in den Jahren 1978, 1985 und 1991 als Staatspräsident für jeweils sieben weiter Jahre wieder gewählt zu werden.

Assad, Syrien und die arabische Welt

Als überzeugter arabischer Nationalist vertritt Assad stets eine anti-israelische Position. Der syrische Verlust der Golanhöhen während des Sechs-Tage-Krieges von 1967 verstärkt diese Haltung zusätzlich. In den USA und der westlichen Welt gewinnt er so natürlich keine Freunde. Das Verhältnis zum Westen leidet aber auch, weil er radikale palästinensische und muslimische Terrorgruppen im Libanon und in Syrien unterstützt. 1976 entsendet er unter dem Vorwand, eine Waffenruhe in den blutigen Auseinandersetzungen zwischen Christen und Moslems erreichen zu wollen, reguläre syrische Truppen in den Libanon. Dieser geschickte Schachzug führt aber auch dazu, dass die syrischen Verbände als tragender Bestandteil einer Friedenstruppe von anderen Ländern mitfinanziert werden – und der Libanon vollkommen abhängig von Syrien wird. Assads Verhältnis zum Irak ist ebenfalls sehr angespannt; so unterstützt er den Iran im Krieg gegen den Irak und schließt sich während des Golfkrieges von 1990-91 der US-geführten Allianz gegen den Irak an.

Im Jahr 2000 verstirbt Assad plötzlich und unerwartet, viele Nachrufe beschönigen das Bild des unnachgiebigen Despoten.

Kompromissloser Feldherr
Attila

Obwohl die Hunnen seit Jahrhunderten mit düsteren Bildern von Schrecken und Bedrohung verbunden wurden, charakterisierte man ihren Anführer Attila als umsichtigen und weisen Herrscher. Unter dem Namen Etzel lebte er vor allem in Sagen und Liedern weiter, im Nibelungenlied als Gemahl von Kriemhild und als König, der tapfere Männer an seinen Hof bindet.

Attila
Daten und Fakten

Die Hunnen waren furchtlose, aber überall gefürchtete Krieger.

Über Attila ist wenig Genaues bekannt. In zeitgenössischen Chroniken finden seine Kriegszüge nur kurze Erwähnung. Eine ausführlichere Beschreibung des Herrschers liefert der griechische Schriftsteller Priskus. Dieser reist 449 als Mitglied einer Gesandtschaft zu den Hunnen. Dort kann er Attila selbst sehen und an Verhandlungen mit ihm teilnehmen.

Priskus schildert den Hunnenkönig als einen Mann von untersetzter Figur, mit großem Kopf, kleinen Augen und einem spärlichen Bart; die Nase ist eingedrückt und seine Haut dunkel.

Attila gilt bei den Zeitgenossen als starke Persönlichkeit. Der König besitzt Weitsicht und verbindet Härte mit List. Bei Verhandlungen kann er unversöhnlich und hochmütig, unnachgiebig und misstrauisch sein. Doch er zeigt auch Großmut gegenüber bezwungenen Gegnern.

Antike Quellen bezeugen, dass Attila aus einer Familie stammt, die seit Generationen herrscht.

Er ist um das Jahr 395 geboren. Unbekannt ist, wo er zur Welt kam und wie er aufgewachsen ist. Doch es steht fest, dass Attila nach 406 als Jugendlicher im Austausch gegen römische Geiseln an einem vornehmen Hof lebt. So wird er mit den Gebräuchen und Sitten der Römer vertraut und sammelt auch wichtiges militärisches Wissen. Er scheint von der fremden Lebensart wenig beeindruckt zu sein, denn in späteren Jahren zeigt er oft seine Verachtung römischer Höflinge.

Herrscher eines riesigen Reiches

Als Rugila, sein Onkel, stirbt, übernimmt Attila, bereits ein reifer Mann, 434 die Regierung. Wie bei allen Nomadenvölkern gilt auch bei den Hunnen neben dem ungeschriebenen Erbfolgerecht das Recht des Stärkeren. Attila beseitigt gleich zu Beginn seiner Herrschaft gefährliche Rivalen und setzt, ohne auf größeren Widerstand zu stoßen, seinen Führungsanspruch durch. Sein älterer Bruder Bleda dient ihm als Mitregent.

Das Reich, das Attila beherrscht, erstreckt sich vom Kaukasus über das heutige Ungarn fast bis zum Rhein. Die Grenzen sind beweglich, auch wenn ihr Verlauf an Flüssen oder Orten mit dem römischen Nachbarn vertraglich geregelt ist. Nicht nur Nomadenland, in dem die Hunnen gerade umherstreifen und ihre Zelte aufschlagen, sondern auch die von Barbarenvölkern besiedelten Nachbargebiete gehören zu Attilas Herrschaftsbereich. Die Bewohner sind verpflichtet, an den Hunnenkönig Abgaben zu zahlen und ihm zu folgen, wenn er in den Krieg zieht.

Zwar bilden das ost- und das weströmische Reich während Attilas Regierungszeit noch eine Einheit, doch zeichnet sich ihre unterschiedliche Entwicklung in Wirtschaft, Verwaltung und Kultur schon deutlich ab. Attila nutzt diese Situation zu seinem Vorteil. Er unterhält zu Westrom zunächst freundschaftliche Kontakte. Durch Vermittlung des Aetius, der 432 zu Rugila geflohen ist, den Hunnenkönig 451 aber auf den Katalaunischen Feldern schlagen wird, ist ein enges Waffenbündnis entstanden. Als Anerkennung seiner Dienste erhält Attila 439 von Westrom das Stammland Pannonien zurück und empfängt den Titel eines „Magister Militum", der mit einem hohen Ehrensold verbunden ist.

Ostrom dagegen muss Attila Tribut leisten. Bereits 425 gibt es zwischen Theodosius II. und Rugila einen Vertrag, der die Abgaben regelt. 435 kommt es zu einem neuen Abschluss des Kaisers mit Attila: Die Römer erkaufen sich durch die Erhöhung der Jahreszahlungen eine kurze Friedensphase.

Attila dehnt während dieser Zeit seine Macht nach Norden bis zum Schwarzen Meer aus, indem er die dort ansässigen Nomadenvölker unterwirft. Da Ostrom die vereinbarte Tributzahlung schuldig bleibt, greift Attila das Reich 441 an. Er schlägt das gegnerische Heer vernichtend und hinterlässt eine große Anzahl zerstörter Städte. Er erhöht in seinem Friedensvertrag den Tribut, den Ostrom weiterhin an ihn zu leisten hat, um ein Vielfaches.

Das oströmische Reich, das zeigen die häufigen Angriffe der Hunnen zwischen 436 und 448, ist ein leichtes und gefahrlos zu erreichendes Ziel. Attila unternimmt die für Nomaden typischen Beutezüge, die genügend Schätze bringen, um sich die Ergebenheit und Gefolgschaftstreue des Heeres zu erkaufen.

Der Brudermörder

Attila ist in den Jahren 445 bis 449 auf dem Höhepunkt seiner Macht. In den Quellen erscheint 445 auch der Name seines Bruders zum letzten Mal, mit dem Verweis, dass Attila ihn getötet habe. 451 beendet der plötzliche Tod des Theodosius II. Attilas leichtes Spiel mit dem Oströmischen Reich. In Thedosius' Nachfolger Kaiser Markian begegnet dem Hunnenkönig ein bewährter Feldherr, der die Grenzen seines Reiches sicher zu beschützen weiß.

Im selben Jahr wendet sich Attila nach Gallien, um die Visigoten zu bekriegen. Als er über das Land herfällt und Aurelianum (Orléans) belagert, gebieten ihm die vereinten Truppen des Aetius und der Visigoten Einhalt. Auf den Katalaunischen Feldern nahe Troyes kommt es zur entscheidenden Schlacht, in der der König der Visigoten, Theoderich I., fällt. Nach drei Tagen heftigen Kampfes gibt Attila auf und zieht sich zurück. Es ist seine erste und einzige militärische Niederlage.

452 führt der Hunnenkönig sein Heer nach Italien und hinterlässt auch hier zerstörte Städte entlang seines Weges. Hungersnöte und die Pest, unter denen Italien gerade leidet, veranlassen ihn umzukehren, bevor die Seuche sein Heer erfasst. Im folgenden Jahr stirbt Attila im Schlaf.

Der grimmig blickende Attila lässt sich bei einem Gastmahl zu seinen Ehren reich bewirten.

Intrigenspiel im Kalten Krieg
Mohammed Siad Barre

Mohammed Siad Barre regierte 21 Jahre mit unnachgiebiger Härte über Somalia. Tausende politischer Gegner ließ er verhaften und in Gefängnissen verschwinden. Er sicherte seine Macht, indem er rivalisierende Clans ebenso wie die beiden Supermächte, die USA und die UdSSR, gegeneinander ausspielte. Mit Hilfe falscher Statistiken erschlich er UNO-Flüchtlingshilfe. Auch 1977, als Barre der deutschen Grenzschutzgruppe GSG-9 gestattete, die von Terroristen entführte Lufthansa-Maschine auf dem Flughafen von Mogadischu gewaltsam zu befreien, nutzt er die Chance, die somalische Position im gerade begonnenen Ogaden-Krieg gegen Äthiopien durch westliche Unterstützung zu stärken.

Mohammed Barre
Daten und Fakten

1919	* nahe der äthiopischen Grenze
1941	Barre schließt sich der Polizeitruppe an
1961	Barre wird Generalmajor in der Armee
1969	Barre gerät durch einen unblutigen Putsch an die Macht
1978	Der Putschversuch des rivalisierenden Mijertein-Clans scheitert
1991	Aufstände: Barre flieht mit der Staatskasse ins Exil
1995	† in Nigeria

Ogaden, das Grenzgebiet zwischen Somalia und Äthiopien, erstreckt sich in der Ost-West-Richtung etwa 4000 km bis zum Indischen Ozean hin. Der Name ist somalischer Herkunft und geht auf die Gewohnheit der dort ansässigen Stämme zurück, die Abstammung von einem Urvater, hier Ogaden genannt, herzuleiten. Dies heiße, trockene Steppe wird seit jeher von nomadisierenden Somali bewohnt ist. Da ihre Herden von den wenigen Wasserstellen abhängig sind, respektieren diese Menschen die Grenzen, die erst um 1900 nach der Eroberung des Landstrichs durch Äthiopien gezogen wurden, nicht.

Krieg um Ogaden

Als Siad Barre im Sommer 1977 Truppen im Ogaden einmarschieren lässt, um das Grenzland zurückzugewinnen und wieder mit Somalia zu vereinen, nutzt er geschickt die Schwäche des äthiopischen Regimes. Jahrelang hatte er den militärischen Schachzug vorbereitet.

Nach der Eroberung des Ogaden leitet er einen Kurswechsel zum Westen hin ein. Dies zeigt sich auch in seiner Zustimmung zur Erstürmung der von Luftpiraten gekaperten Lufthansa-Maschine „Landshut" im Oktober 1977. Bereits einen Monat später löst der somalische Diktator den Freundschaftsvertrag mit der UdSSR und verweist rund 5000 russische Berater des Landes. Im März 1978 jedoch, Äthiopien erhält inzwischen massive Unterstützung durch sowjetische und kubanische Soldaten, kapituliert Somalia. Auch die USA hatten den internationalen Druck erheblich erhöht und zugleich Wirtschafts- und Militärhilfe im Falle eines Einlenkens Barres in Aussicht gestellt.

Die Niederlage zwingt 1,5 Mio Flüchtlinge aus dem Grenzgebiet nach Somalia, dies verschlimmert nicht nur die katastrophalen wirtschaftlichen Probleme, sondern mehrt auch Unzufriedenheit und Machtkämpfe im Lande.

Aufstieg eines Hirtenjungen

Mohammed Siad Barre entstammt einer somalischen Nomadenfamilie, die dem relativ kleinen Clan der Marehan angehört. Sein Geburtsdatum wird mit 1919, nach manchen Quellen auch mit 1920 oder 1922 angegeben. Sein Geburtsort ist nicht genau bekannt, er liegt jedoch nahe der äthiopischen Grenze. Im Alter von zehn Jahren verliert Barre seine Eltern und verdient seinen Lebensunterhalt als Hirte.

Als Siad Barre 1941 mit dem Eintritt in die Polizeitruppe seine Karriere beginnt, steht Somali-Land noch unter italienischer Kolonialherrschaft. Der junge Nomade holt den Schulabschluss nach und bildet sich während seiner Dienstzeit in zahlreichen Kursen weiter. 1950 erreicht er den für Einheimische höchstmöglichen Rang eines Chefinspektors und Kommandanten. Er wechselt von der Polizei in die Soldatenlaufbahn und besucht eine Militärakademie in Italien. Als Somalia 1960 unabhängig wird, rückt Barre zum stellvertretenden Befehlshaber des Heeres auf. 1965 folgt die Ernennung zum Brigadegeneral, 1966 die Beförderung zum Generalmajor.

Wenige Tage nach der Ermordung des somalischen Staatspräsidenten Shermarke reißt Mohammed Siad Barre mit einem unblutigen Putsch am 21. Oktober 1969 die Macht im Lande an sich. Er stellt sich an die Spitze von Polizei und Armee und ruft als Präsident des Obersten Revolutionsrates und Oberkommandierender der Streitkräfte die „Somalische Demokratische Republik" aus. Zuvor hat er die Nationalversammlung aufgelöst, alle Parteien verboten und die Verfassung außer Kraft gesetzt. Er hat nun den Höhepunkt seiner Karriere erreicht.

Die neue Republik folgt zunächst dem Vorbild anderer sozialistischer Staaten. Der „wissenschaftliche Sozialismus", der marxistisches Gedankengut mit islamischen Elementen verknüpft, wird zur grundlegenden Ideologie. Scharf verurteilt Barre jeglichen Kolonialismus. Bald kommt es mit den Nachbarländern Kenia und Äthiopien zu Grenzkonflikten. Die verstärkte Nationalisierung Somalias in Wirtschaft und Verwaltung veranlasst den Westen sich zurückzuziehen. Die Einflussnahme Moskaus wird in Waffenlieferungen und dem Ausbau Berberas zum Flottenstützpunkt deutlich. Der Freundschaftsvertrag mit der UdSSR 1974 untermauert den sowjetischen Anspruch weiterhin. Einige Jahre später jedoch wird der somalische Präsident denselben Hafen den USA anbieten und übergeben.

Innenpolitisch verbessert Mohammed Siad Barre die Rechte der Frauen, baut das Gesundheits- und Schulwesen aus und führt eine somalische Schriftsprache ein, der das lateinische Alphabet zugrunde liegt. Die Dürrekatastrophen in den Jahren 1974/75 machen die bescheidenen wirtschaftlichen Erfolge seiner Reformversuche wieder zunichte.

Der Ogaden-Konflikt mit Äthiopien offenbart Barres Taktieren zwischen den Supermächten. Er versteht es, trotz der allgemein bekannten Menschenrechtsverletzungen Entwicklungshilfe von den USA und der BRD zu erhalten. Waffenlieferungen aus Ost und West verschaffen ihm so umfangreiche Waffenarsenale, dass selbst die Milizgruppen im Bürgerkrieg der späten 80er Jahre noch darauf zurückgreifen können.

Die Politik des somalischen Präsidenten ist vom Clan-Denken geprägt. Er führt seinen Stammbaum auf den großen Moslemführer des 16. Jahrhunderts, Ahmad Gran, zurück und sieht sich auch mit dem Freiheitskämpfer Dschahid Muhammad Hassan („Mad Mullah") verwandt, der 1899-1920 gegen die Engländer kämpfte. Trotz der nach außen nationalistischen Haltung steht das Interesse des eigenen Stammes im Vordergrund. Zunehmend schleichen sich Korruption und Vetternwirtschaft ein. Obgleich Barres Marehan-Clan nur zwei Prozent der Gesamtbevölkerung ausmacht, besetzen seine Verwandten fast alle einflussreichen Positionen im Staat. Der Putschversuch des rivalisierenden Mijertein-Clan 1978 bleibt ohne Erfolg. Barre reagiert mit einer Verfassungsänderung, die seine Amtszeit um weitere sechs Jahre verlängert.

Da oppositionelle Gruppierungen wie die „Nationale Somali-Bewegung" (SNM) immer lauter protestieren, verhängt der Alleinherrscher den zeitweiligen Ausnahmezustand über das Land. 1986 erleidet er bei einem Autounfall schwere Verletzungen – sein Rücktritt scheint kurz bevorzustehen. Doch Barre setzt den Spekulationen ein Ende, indem er nach seiner Genesung nicht nur personelle Änderungen im Zentralkomitee vornimmt, sondern sich in einer „Volkswahl" mit 99,9 Prozent der Stimmen für eine nächste Amtsperiode bestätigen lasst.

Wenngleich die neue Amtszeit eine Aussöhnung mit Äthiopien bringt, wird sie innenpolitisch durch die brutalen Repressionen im Bürgerkrieg bestimmt. Neben der SNM kämpfen der „United Somali Congress" (USC), das „Somali Patriotic Movement" (SPM) und das „Ogadeni Soldiers Movement" (OSM) um Unabhängigkeit. Mohammed Siad Barre, der die Kontrolle über das Land verliert, wird nun als „Bürgermeister von Mogadischu" verhöhnt.

Nach Angaben der afrikanischen Menschenrechtsgruppe „Africa Watch" tötet das somalische Militär zwischen Juni 1988 und Januar 1990 bis zu 50 000 Zivilisten. Im Juli eröffnen Soldaten das Feuer auf eine Menschenmenge in einem Fußballstadion; die Ermordung des Bischofs von Mogadischu, Salvatore Colombo, im Juni 1989 ist Auftakt zu grausamen Massakern. Als der Westen die finanzielle Hilfe aussetzt und Barre fallen lässt, bestürmen rebellierende Clans Mogadischu. Am 27. Januar 1991 flüchtet der somalische Diktator in letzter Minute aus der Stadt – mit der Staatskasse, wie es heißt. Am 1. Januar 1995 stirbt er im nigerianischen Exil an einem Herzinfarkt.

Hinterlassen hat er ein Land, das von totalem Chaos regiert wird und das bis heute nicht zur Ruhe gekommen ist.

Mohammed Siad Barre hinterließ Somalia im politischen, wirtschaftlichen und gesellschaftlichen Chaos.

Korruption auf Kuba
Fulgencio Batista y Zaldévar

Als Fulgencio Batista y Zaldévar nach seinem Sturz 1959 mit einem Hofstaat von 18 Personen in seiner neuen Exilheimat Madeira eintraf, glich er mehr einem Filmstar als einem Gewaltherrscher, der gerade vor Fidel Castro aus Havanna geflohen war. Soziale Ungerechtigkeit, Willkür, Verfolgung Andersdenkender und Korruption kennzeichneten „Don Fulgencios" Regierungszeit. 150 Millionen Mark soll der Kubaner, der zu Lebzeiten als reichster Exdiktator der Welt galt, in die eigene Tasche gewirtschaftet haben.

Fulgencio Bastista
Daten und Fakten

1901	* in Ost-Kuba
1940	Batista wird Präsident
1944	Bei erneuter Präsidentschaftswahl verliert Batistas Strohmann. Batista geht ins Exil nach Florida.
1948	Rückkehr nach Kuba; Batista wird Senator
1952	Batista kommt durch Putsch an die Macht
1959	Batista gibt auf und geht ins Exil
1973	† in Spanien

Fulgencio Batista mit seiner zweiten Frau auf der Hochzeitsreise nach New York.

Bettelarm ist der junge Fulgencio, Sohn eines Landarbeiters. Am 16. Januar 1901 kommt der Mischling mit spanischem, afrikanischem und chinesischem Blut in Ostkuba zur Welt. Mit zwölf Jahren wird Batista Vollwaise und ist gezwungen, die Quäkerschule, die er bisher besucht hat, zu verlassen. Er beginnt eine Schneiderlehre, verdingt sich als Tagelöhner auf den Zuckerplantagen und schlägt sich im Verlauf der nächsten Jahre als Verkäufer, Eisenbahnarbeiter, Barmann und Friseur durch.

1920 lässt sich der Abenteurer vom Militär anwerben und wird Soldat. Um sich den Aufstieg zu ermöglichen, bildet er sich weiter und erlernt unter anderem Stenographie. Bereits 1924 hat Fulgencio Batista den Rang eines Sergeanten inne und ist Stenotypist im Hauptquartier der kubanischen Armee. Kurz darauf ernennt ihn Präsident Machado zu seinem Privatsekretär, ein Posten, der Batista Einblick in geheime Staatsangelegenheiten gewährt. Auch als Protokollführer während politischer Prozesse kann er verfolgen, wie der Diktator Machado seine Gegner kaltstellt.

Batista nutzt seine Stellung für ein Doppelspiel. Einerseits ist er Mitglied einer geheimen, kommunistisch orientierten revolutionären Gruppe, die den Sturz des Präsidenten betreibt. Er soll zum richtigen Zeitpunkt das Zeichen für den Beginn des Aufstands geben. Als es am 4. September 1933 zur Revolte kommt, übernimmt Batista die Führung, geht gegen die regierungstreuen Offiziere, die sich in einem Hotel verschanzt haben, mit Kanonen vor und ist binnen weniger Stunden Oberst und neuer Oberbefehlshaber der Armee. In einem Blitzputsch stürzt er ein Jahr später den Nachfolgepräsidenten Ramon Grau San Martin, der aber bis in die 50er Jahre sein Gegenspieler bleiben wird.

Soziale Reformen und wirtschaftlicher Aufschwung

Erst 1940 stellt sich Batista selbst zur Präsidentenwahl und wird für vier Jahre gewählt. Als „graue Eminenz" hält er jedoch bereits seit Jahren die politischen Fäden in der Hand. Im Rahmen seiner umfänglichen Sozialreformen werden seit 1934 in ländlichen Gegenden zahlreiche Schulen errichtet, in denen Feldwebel unterrichten. Auch Krankenhäuser, Straßen und Brücken werden gebaut, Land wird neu verteilt, landwirtschaftliche

Generalstabschef Batista (rechts) demonstrierte im Jahr 1933 noch Loyalität zu Staatspräsident Laredo Bru.

Beratungsstellen und Märkte für Kleinproduzenten entstehen. Ein wirtschaftlicher Aufschwung setzt ein, der durch die Vereinigten Staaten und ihre Interessen an Zucker und Nickel verstärkt wird.

1941 erklärt Kuba Deutschland, Italien und Japan den Krieg und räumt den USA das Recht ein, Stützpunkte auf der Insel anzulegen. 1942 bekundet Batista bei seiner Begegnung mit Roosevelt in Washington seine Solidarität im Kampf gegen die europäischen Diktatoren. 1944 endet die Amtsperiode des Präsidenten verfassungsgemäß ohne die Möglichkeit einer Wiederwahl. Der von ihm vorgeschlagene Nachfolgekandidat und Strohmann verliert gegen Grau San Martin, so lässt sich Batista in Daytona Beach, Florida nieder. In der Heimat wird ihm unterdessen der Prozess wegen Unterschlagung gemacht.

Nach vier Jahren „Ruhestand" kehrt Batista 1948 unter dem neuen Präsidenten Carlos Prío Socarrás nach Kuba zurück und wird zum Senator gewählt. Vor den Wahlen 1952 bringt er frühzeitig seinen Anspruch auf das höchste Staatsamt zum Ausdruck. Als die kommunistische Partei jedoch ihre Unterstützung des Gegenkandidaten bekannt gibt, ergreift Batista am 10. März 1952, als Prío Socarrás außer Landes weilt, nach einem erneuten Putsch die Macht. Die Wahlen werden bis 1954 verschoben, dann ruft der Gegenkandidat Grau San Martin zum Boykott auf, da eine freie Abstimmung fraglich sei. Wie erwartet geht Batista als Sieger hervor.

Auch die zweite Amtszeit Batistas steht unter dem Zeichen wirtschaftlichen Aufschwungs. Zwar stagniert der Zuckerhandel, doch der Tourismus expandiert stetig. Im Kalten Krieg bezieht der Präsident Position für die USA und erhofft sich so Nachsicht mit der eigenen Diktatur.

Willkür und Korruption, an der Batista selbst beteiligt ist, vermehren sich. Immer rigoroser geht die Regierung gegen politische Gegner vor. Immer mehr Rebellen, die sich seit 1953 verstärkt um Fidel Castro formieren, werden hingerichtet. Über Jahre gelingt es Batista immer wieder, Streiks, Aufstände und Putschversuche abzuwehren.

Kampf gegen die Rebellen Castros

Am 26. Juli 1953 misslingt der Putschversuch des jungen Rechtsanwalts Fidel Castro und seiner Anhänger. Der Aufstand in Ostkuba wird blutig niedergeschlagen und Castro zu fünfzehn Jahren Zuchthaus verurteilt. Durch eine Amnestie kommt der Rebellenführer frei und plant von Mexiko aus erneut den Aufstand. Heimlich kehrt Castro nach Kuba zurück und beginnt aus seinem Versteck in den Bergen das Regierungssystem mit Guerillataktik zu unterhöhlen. Die Rebellen – zunächst etwa 80 an der Zahl, nach zwei Jahren etliche tausende – zerstören Straßen, Brücken, Telefonleitungen, sie brennen Plantagen nieder und sprengen Fabriken. Die ersten Flugzeugentführungen gehen auf kubanische Rebellen zurück. Castro, der die Freiheit mit Waffen erkämpfen will, wird zum Volkshelden. Nach drei Jahren beherrscht er mit seinen Aufständischen ein Drittel des Staatsgebietes und trotzt der übermächtigen Regierungsarmee. Sein revolutionäres Gedankengut macht sich schließlich auch innerhalb des Militärs breit.

Als Batista eine Offiziersverschwörung aufdeckt, stellt er überraschend am Neujahrstag 1959 sein Amt zur Verfügung und verlässt mit seinen Angehörigen das Land. Nach Batistas Flucht übernimmt Fidel Castro die Staatsgewalt und übt blutige Rache an den Anhängern des Regimes. Der Exdiktator lebt zunächst in Mexiko, dann in Madeira und an der Costa del Sol. Hier in Spanien erliegt er am 6. August 1973 einem Herzinfarkt.

Operettenreifer Personenkult
Jean Bédel Bokassa

Unter den skrupellosen afrikanischen Diktatoren tat sich Jean-Bédel Bokassa vor allem durch seine unglaubliche persönliche Grausamkeit hervor. In den 14 Jahren seiner Herrschaft gab es immer wieder Gerüchte um persönlich motivierte, sinnlose Morde und sogar Fälle von Kannibalismus. So gilt Bokassa neben Idi Amin als eines der „grands monstres" der afrikanischen Geschichte.

Jean Bédel Bokassa
Daten und Fakten

1921	* in Französisch-Zentralafrika
1939	Bokassa tritt in die Armee ein
1965	Bokassa kommt durch einen Putsch an die Macht
1979	Die ehemalige französische Kolonialmacht stürzt Bokassa; er geht ins Exil
1986	Rückkehr in die Zentralafrikanische Republik
1993	Bokassa wird amnestiert
1996	† in Bangui

Lächerlich mutet der groteske Personenkult an, den Bokassa betreibt. Der selbst verliehene Titel eines Präsidenten auf Lebenszeit ist dem Despoten, der sich selbst über 30 nationale Orden verleiht, bald nicht mehr genug. 1976 führt er die konstitutionelle Monarchie ein und lässt sich zum Kaiser proklamieren.

„Seine Majestät Bokassa I., Kaiser von Zentralafrika, Marschall von Zentralafrika, Apostel des Friedens, Diener Christi" lautet fortan der Titel des Tyrannen, der gleichzeitig als „Erster Ingenieur", „Erster Bauer" und „Bester Fußballspieler" seines Landes angesprochen werden muss.

Pompöse Krönungsfeier trotz bitterer Armut

Seine Krönungsfeier von 1977 kostet mehr als 50 Millionen Mark und das in einem der ärmsten Länder der Welt, das eine durchschnittliche Lebenserwartung von nur 42 Jahren aufzuweisen hat. Ein eigens angefertigtes goldenes Bett, eine in Paris kreierte Kaiserkrone mit einem 138karätigen Diamanten, eine perlenbesetzte Hermelinrobe und 60 klimatisierte Limousinen sind Teil des grotesken Spektakels. International wird der pompöse Wahnsinn heftig kritisiert. 1977 tritt Bokassa zum Islam über und nennt sich fortan Salah-addin Ahmad Bokassa.

Kindheit und Jugend

Jean-Bédel Bokassa, der dem kleinen Stamm der M'Baka angehört, wird 1921 in einem kleinen Dorf Französisch Zentralafrikas geboren. Nach der Ermordung seines Vaters durch einen französischen Kolonialbeamten begeht seine Mutter Selbstmord, so wächst er mit seinen elf Geschwistern bei Verwandten auf. 1939 tritt Bokassa, der eine Zeit lang mit dem Priesteramt geliebäugelt hatte, in die französische Armee ein. Ab 1950 kämpft er in Indochina. 1961, inzwischen zum Hauptmann ernannt, kehrt er auf Bitten seines Cousins David Dacko, dem ersten Präsidenten des unabhängigen Staates, in die Zentralafrikanische Republik zurück. Seine Aufgabe ist es, eine Armee aufzubauen.

Als der Chef der Gendarmerie mit französischer Unterstützung gegen Dacko putscht, ergreift Bokassa am 31. Dezember 1965 selbst die Macht. Er setzt die Verfassung außer Kraft, löst die Nationalversammlung auf, lässt seine politi-

Der Despot zeigte sich bei öffentlichen Auftritten oft in Uniform, behängt mit imaginären Orden.

Der größenwahnsinnige Kaiser lebte in pompösem Prunk, während die Bevölkerung Zentralafrikas unter bitterer Armut zu leiden hatte.

schen Gegner hinrichten und reißt als Präsident alle legislative und exekutive Macht an sich. Seinen Amtsvorgänger und Cousin David Dacko stellt er unter Arrest.

Zwar kann Bokassa einige politische Erfolge für sich verbuchen – er führt das erste öffentliche Verkehrssystem mit Bussen ein – doch bald alarmieren Berichte über seine Exzesse die Weltöffentlichkeit. Zeitweise gilt der Diktator gar als geistig verwirrt.

Unglaubliche Grausamkeiten des Despoten

Selbst unter den skrupellosesten Tyrannen dieser Welt ragt Bokassa durch seine Grausamkeit hervor. Dutzende seiner persönlichen Berater werden ermordet. Gefangene lässt er Krokodilen zum Fraß vorwerfen oder an Löwen verfüttern. Behinderte, die er als „Schandmale der Rasse" empfindet, lässt er aus Flugzeugen werfen, Diebe werden verstümmelt. In seinem Palast in Berengo gibt sich der mindestens siebenmal verheirate Vater von 60 Kindern sexuellen Exzessen hin. Dabei schreckt er auch vor der Vergewaltigung von erst zwölfjährigen Mädchen nicht zurück. 180 Schüler, die gegen eine Schuluniform protestiert hatten, lässt er in einen Raum pferchen, wo er einigen von ihnen mit einem Ebenholzstock persönlich den Schädel zertrümmert haben soll. Bei diesem Massaker sollen insgesamt 100 Kinder ermordet worden sein.

Hinweise auf den angeblichen Kannibalismus dieses Unmenschen sind bisher unbewiesen; der ehemalige Präsident Zentralafrikas und Cousin Bokassas, David Dacko, jedoch bezeugt, dass sich im Palast mit Menschenfleisch gefüllte Kühltruhen befanden. Bokassa gehörte dem Stamme der M'Baka an, die früher als Kannibalen galten. Kaum zu glauben, dass erst solche Greueltaten dazu führen, dass die ehemalige Kolonialmacht Frankreich Bokassa die Unterstützung entzieht, ihn 1979 während eines Besuchs in Libyen absetzt und David Dacko als Nachfolger proklamiert.

Nach seinem Sturz flieht Bokassa nach Côte d'Ivoire, dann nach Frankreich. Dort lebt er in unglaublichem Luxus in einem Schloss nahe Paris. 1986 kehrt er in die Zentralafrikanische Republik zurück, wo er vor Gericht gestellt und zum Tode verurteilt wird. Zwei Jahre später wandelt Staatspräsident Kolingba das Urteil in lebenslange Zwangsarbeit um.

Da die neue Regierung seinen auf geheimen Schweizer Konten deponierten Reichtum nicht enteignet, residiert er im Gefängnis ähnlich fürstlich wie in früherer Zeit.

1993 geschieht das Unglaubliche: Präsident Kolingba begnadigt Bokassa. Ab diesem Zeitpunkt lebt er in seinem Haus in Bangui, wo er 1996 einem Herzanfall erliegt. Er hinterlässt mindestens 54, wenn nicht gar 60 Kinder, die heute zum Teil in Frankreich leben.

Der Sohn des Papstes oder des Teufels?
Cesare Borgia

Mit dem Namen Borgia, sei es Cesare, seine Schwester Lucrezia oder der Vater Rodrigo, waren Machtgier und Korruption genauso verbunden wie Mord und sexuelle Ausschweifung. Cesare war bereits mit 27 Jahren der gefürchtetste Mann Italiens und übertraf mit seinem Ruf noch den Vater – Papst Alexander VI. –, der als „Inkarnation des Teufels" galt. Dennoch sollte Cesare dem Herrscherideal zugrunde liegen, das Machiavelli in „Il principe" entwarf.

Cesare Borgia
Daten und Fakten

1475	* bei Rom
1488	Jurastudium in Perugia und Pisa
1491	Weihe zum Bischof
1493	Borgia wird Kardinal
1499 –1502	„Romagna-Feldzüge"
1503	Papst Julius II. lässt Borgia inhaftieren
1507	† in der Schlacht

Der italienische Denker Niccolò Machiavelli (1496-1527) lernt als Gesandter aus Florenz 1502 Cesare Borgia kennen. Dieser hat gerade Urbino eingenommen, und der Diplomat ist fasziniert vom Selbstvertrauen, der Intelligenz, Macht und Dynamik, die Cesare ausstrahlt.

In seinen Schriften kritisiert Machiavelli die unzureichende politische Praxis seiner Zeit, die sich noch an die christlichen Tugenden des Mittelalters hält. In „Il principe" legt er die Bedingungen für eine neue erfolgreiche Politik fest. Vor dem Hintergrund, Italien endlich aus der Vormacht Spaniens und Frankreichs zu befreien, gilt in diesem Fürstenspiegel der Herrscher als beispielhaft, der politische Macht erwerben, erhalten und in einem Nationalstaat vereinen kann. Um für dieses Ziel Widerstände und Hindernisse aus dem Weg zu räumen, sind auch verbrecherische Mittel erlaubt. Machiavellis Werk wird daher auch „Handbuch für Tyrannen" genannt.

Cesare Borgia, geboren 1475, ist das älteste von vier Kindern, die aus Rodrigo Borgias Verbindung mit Vannozza de Cattanei hervorgehen. Cesare, der im Palast der Mutter nahe dem Vatikan aufwächst, erhält eine umfassende Ausbildung. Er studiert ab 1488 Rechtswissenschaft in Perugia und Pisa und überzeugt durch seine hervorragenden Fähigkeiten im kanonischen und zivilen Recht.

Priester ohne Weihe

Ohne Priesterweihe erhebt Innozenz VIII. den gerade Fünfzehnjährigen zum Bischof. Zwei Jahre später, am 20. September 1493, wird er von seinem Vater, der seit 1492 Papst ist, zum Kardinal ernannt. Trotz seiner steilen Karriere beneidet Cesare seinen jüngeren Bruder Juan, der am

spanischen Hof zum mächtigen Feudalherrn aufzusteigen beginnt. Als Juan nach Rom zurückkehrt, fühlt sich Cesare durch den Lieblingssohn Alexanders VI. zurückgesetzt und zudem aus der Rolle des päpstlichen Ratgebers verdrängt. Für den Mord an Juan 1497 gibt es zwar mehrere Verdächtige, die Tat bleibt allerdings ungeklärt. Tatsächlich zieht jedoch Cesare, wie sich ein knappes Jahr danach zeigen wird, den größten Gewinn daraus.

In Absprache mit dem Vater erklärt Cesare am 27. August 1498 seinen Verzicht auf das Kardinalsamt. Der französische König Ludwig XII., der zu diesem Zeitpunkt den Papst um Dispens seiner Ehe ersucht, zahlt für seine Scheidung einen hohen Preis. Dieser kommt dem Borgia-Sohn zugute. Mit mehreren Lehen, darunter Valence, dem Cesare seinen Beinamen „Il Valentino" gibt, üppigen Einkünften und Zusicherungen beginnt seine weltliche Karriere. Die angebotene Ehe mit Charlotte d'Albret schließlich verbindet ihn mit dem französischen Königshaus. Da die Familie d'Albret den zukünftigen Schwiegersohn jedoch nur ungern akzeptiert, handelt sie für den Ehevertrag entsprechend hohe Vorteile aus.

In den Jahren 1499-1502 führt Cesare drei „Romagna-Feldzüge". Auf dem ersten wird er von französischen Truppen unterstützt und gewinnt mehrere Besitztümer für den Kirchenstaat zurück. Im Triumpfwagen, auf dem Cäsars Siege abgebildet sind, zieht der Namensvetter Cesare Borgia in Rom ein und wird im März 1500 zum Gonfaloniere, zum Bannerträger der Kirche, ernannt.

Am 1. Oktober 1500 bricht er mit mehr als 10 000 Mann und angesehenen Kondottieri zum zweiten Feldzug auf. Mit Agenten stiftet Cesare in Pesaro Unruhen an. Wiederum glückt die Tak-

Papst Alexander VI., der Vater Cesare Borgias, erhob seinen Sohn ohne Priesterweihe zum Kardinal.

tik, nach der Cesare schwache und bei der Bevölkerung unbeliebte Gegner als Angriffsziele wählt, denn der bisherige Herrscher flieht heimlich. Als Cesare mit seinen Truppen vor Faenza wegen des Wintereinbruchs ein Lager aufschlagen muss, gelingt es ihm, seine Soldaten zu zügeln, sodass die Bevölkerung unbehelligt bleibt. Er legt damit den Grundstein für seine Beliebtheit in der Romagna. Da er die Stadt als Bestandteil seines künftigen Herzogtums sieht, will er sich keinen Hass zuziehen und verzichtet so auch nach der Eroberung auf Rache oder Tribut. Den jungen Feudalherrn Faenzas lässt er jedoch später zusammen mit dessen Bruder und Freunden grausam ermorden.

Weltlicher Herrscher im Kirchenstaat

Indem Alexander VI. im Mai 1501 seinen Sohn zum Herzog und damit zum erblichen Herrscher der Romagna erhebt, leitet er die Säkularisierung des Kirchenstaates ein. Der dritte Feldzug, bei dem Leonardo da Vinci in Cesares Diensten steht, hat das Ziel, den Borgia die Alleinherrschaft im Kirchenstaat zu sichern. Als sich im Oktober 1502 Kondottieri gegen Cesare verschwören, wandelt er blitzschnell die für ihn ungünstige Situation in einen Sieg um. Mit Hilfe der Finanzmacht seines Vaters und der Allianz mit dem französischen König, verdoppelt Cesare innerhalb von zwei Wochen seine Truppen durch Söldner und Bürgerwehr. Er nutzt das Zaudern der Verschwörer, zersplittert ihre gemeinsame Front und übt, indem er ihnen eine Falle stellt, blutrünstige Rache. Mit dieser Tat prägt er sein Bild eines „Verbrechers großen Stils".

Alexander VI. stirbt am 18. August 1503 nach einem Giftanschlag. Cesare, ebenso vergiftet, überlebt. Vom Krankenbett aus schickt er seine Häscher in die Gemächer des Vaters, um diese zu plündern. Der Gefahr, die ihm ohne Schutz Alexanders VI. droht, entzieht er sich, indem er geschickt mit den Stimmen für die Wahl des neuen Papstes taktiert und sich dadurch Macht verschafft. Gelingt Cesare dieses Manöver bei der Wahl von Pius III., so erfordert dessen schnelles Ableben erneut einen Balanceakt der Macht. Cesare unterstützt den alten Borgia-Widersacher della Rovere, der als Julius II. den Papstthron besteigt. Entgegen allen Zusagen betreibt der neue Pontifex den Sturz Cesares im November 1503. Verhaftet und eingekerkert, bis er seine restlichen Besitztümer in der Romagna aufgibt, wird der ehemalige Gonfaloniere in ein Gefängnis nach Spanien gebracht. Von dort flieht er im Oktober 1506 zu seinem Schwager Jean d'Albret nach Navarra. Für ihn zieht er in den Kampf und fällt am 12. März 1507.

Keine Freiheit für Kuba
Fidel Castro Ruz

Aus Gerechtigkeitsgefühl und Idealismus wurde Fidel Castro bereits in jungen Jahren zum Anwalt der Armen und Revolutionär. Nach siegreicher Revolution etablierte er als Realpolitiker einen autoritären Einparteienstaat nach sowjetischem Vorbild. Das Charisma seiner Persönlichkeit prägte die Geschichte Kubas im 20. Jahrhundert.

Fidel Castro Ruz
Daten und Fakten

1927	* in Mayarí
1952	Castro wird Führer der oppositionellen Untergrundbewegung
1953	Castro wird verhaftet
1955	Castro geht ins Exil nach Mexiko
1959	Sturz Batistas; Castro wird Ministerpräsident
1976	Castro wird zum Staats- und Ministerpräsidenten in Personalunion
1993	Schwere wirtschaftliche Schwierigkeiten zwingen Castro zu vorsichtigen Reformen

Castro wird am 13. August 1927 oder 1926 als Sohn eines wohlhabenden Zuckerrohrpflanzers in Mayarí (Kuba) geboren. Er studiert Jura und wird Rechtsanwalt. Während seines Studiums in Habana ist er in der revolutionären Studentenbewegung aktiv. Als Fulgencio Batista y Zaldívar 1952 in Kuba ein diktatorisches Regime errichtet, übernimmt Castro die Führung der oppositionellen Untergrundbewegung. Am 26. Juli 1953 leitet er einen Angriff auf eine Kaserne in Santiago. Der Angriff scheitert und Castro wird verhaftet. Seine Verteidigung vor Gericht übernimmt er selbst. Der berühmte Schlusssatz seiner Verteidigungsrede, „Die Geschichte wird mich freisprechen", wird später zum zentralen politischen Schlagwort der revolutionären Bewegung. Castro wird zu 15 Jahren Zwangsarbeit verurteilt.

1955 wird Castro amnestiert und geht ins Exil nach Mexiko. Von hier aus organisiert er die „Bewegung des 26. Juli". Am 11. Dezember 1956 landet er mit 82 Guerilleros auf Kuba. 70 seiner Leute kommen in den Kämpfen mit Batistas Truppen um. Castro und die anderen elf Überlebenden, darunter Castros Bruder Raúl und Che Guevara, ziehen sich in die Berggegend Sierra Maestra zurück. Von hier aus setzen sie ihren Kampf gegen Batista fort und gewinnen breite Unterstützung in der Bevölkerung. Im Dezember 1958 marschieren sie in Habana ein und stürzen im Januar 1959 Batista. Castro wird im Alter von 32 Jahren Ministerpräsident der neuen kubanischen Regierung.

Soziale und wirtschaftliche Reformen: Kuba blüht auf

Castro kann seine Macht in Kuba relativ rasch stabilisieren. Sofort nach seiner Machtübernahme beginnt er mit grundlegenden politischen, sozialen und wirtschaftlichen Reformen. Seine wohl bedeutendsten innenpolitischen Leistungen sind die fast vollständige Alphabetisierung Kubas und der Aufbau eines funktionierenden Gesundheitswesens für alle Kubaner. Die entschädigungslose Enteignung von ausländischen, vor allem US-amerikanischen Großgrundbesitzern und Unternehmen, bringt Castro in Konflikt mit den Vereinigten Staaten. Sie reagieren auf die Enteignungen mit der diplomatischen und wirtschaftlichen Isolierung des Landes.

Castro bemüht sich daraufhin um wirtschaftliche und militärische Zusammenarbeit mit der Sowjetunion, die er nach dem CIA-gesteuer-

Fidel Castro, der „Maximo Líder", vertrieb den Diktator Batista, aber brachte Kuba keine Demokratie.

Im April 1959 besucht Castro die USA, wo ihn Schüler begeistert empfangen. Später wird er zum großen Gegner der Großmacht.

ten Versuch der Invasion in der Schweinebucht 1961 noch vertieft. Vor diesem Hintergrund bekennt er sich bald zum Marxismus-Leninismus und etabliert ein sozialistisches System nach sowjetischem Vorbild.

Raketenkrise und internationale Isolierung

Die Spannungen zwischen den USA, Kuba und der Sowjetunion erreichen 1962 mit dem Versuch der Stationierung sowjetischer Mittelstreckenraketen auf Kuba einen vorläufigen Höhepunkt. Seit Beginn der 70er Jahre des 20. Jahrhunderts emanzipiert sich Castro in ideologischer Hinsicht von der Sowjetunion und verfolgt einen selbstständigeren gesellschaftspolitischen Kurs. Er unterstützt Befreiungsbewegungen in Afrika (Angola, Äthiopien, Eritrea) und Lateinamerika politisch und militärisch.

Castro, der seit 1962 Generalsekretär der Kommunistischen Partei Kubas ist, wird 1976 zum Vorsitzenden des Staatsrates gewählt und ist damit zugleich Staats- und Regierungschef, Oberbefehlshaber der Streitkräfte und Chef der Kommunistischen Partei. Castro lehnt Glasnost und Perestroika, die ab 1988 die politischen Strukturen in den sozialistischen Ländern erschüttern, für Kuba ab und bleibt bei seiner dogmatisch marxistischen Haltung.

Mit der Auflösung des Ostblocks 1990 nehmen die wirtschaftlichen Probleme Kubas dramatisch zu. 1991 räumt Castro ein, dass der Zusammenbruch des Ostblocks zu schweren Problemen in Kuba führe, hält aber weiterhin am Einparteienstaat und an seinem sozialistischen Kurs fest. 1993 führt Castro angesichts der massiven Wirtschaftskrise dann doch begrenzte Wirtschaftsreformen durch. Er lockert das Staatsmonopol in der Landwirtschaft und lässt in bestimmtem Umfang private Unternehmen zu. Ebenfalls auf Grund der Wirtschaftskrise wächst der Flüchtlingsstrom von Kuba in die USA 1994 drastisch an. Eine Lösung der Problematik ist bis heute nicht in Sicht.

Charisma, Charme und eine mitreißende Rhetorik prägen Castros Persönlichkeit, deren Ausstrahlung sich auch politische Feinde schwer entziehen können. Im krassen Widerspruch dazu stehen Repressionen gegen politische Gegner und Menschenrechtsverletzungen als Herrschaftsmittel des Maximo Líder.

Die Befreiung Kubas von einer korrupten und dekadenten Herrschaftsclique, die anfängliche Besserung der materiellen Lebensverhältnisse für große Teile der Bevölkerung und eine bis in die Gegenwart hinein in Lateinamerika sonst nicht gekannte soziale Sicherheit sind die historischen Verdienste Castros.

Grausamer Despot inmitten Europas
Nicolae Ceauşescu

Nicolae Ceausescu war eine der schillerndsten Figuren unter den Führern des ehemaligen Ostblocks. Sein Charakter zeigte pathologische Züge. Die unerbittliche Verfolgung von Andersdenkenden und Minderheiten sowie teilweise byzantinischer Größenwahn prägten die letzten Jahre seiner Herrschaft. Am Ende stürzte er Rumänien in eine wirtschaftliche Katastrophe. Politisch behauptete er erfolgreich eine relativ unabhängige Position gegenüber der Sowjetunion.

Nicolae Ceauşescu
Daten und Fakten

1918	* in der Walachei
1932	Eintritt in den Kommunistischen Jugendverbund
1936	Ceauşescu kommt in Haft
1955	Ceauşescu übernimmt zentrale Position im Politbüro
1967	Ceauşescu wird Staatsoberhaupt Rumäniens
1989	Massenunruhen und Bürgerkrieg; † Ceauşescus durch Hinrichtung

Ceauşescu stammt aus armen, bäuerlichen Verhältnissen. Geboren am 26. Januar 1918, wächst er mit neun Geschwistern in Scorniceşti in der Walachei auf. Im Alter von elf Jahren muss er mit einigen Brüdern das Dorf verlassen und geht bei einem Schuhmacher in Bukarest in die Lehre. Mit 14 Jahren beginnt er, sich in der Arbeiterbewegung zu engagieren. 1932 tritt er dem Kommunistischen Jugendverband bei.

Der verlorenen Kindheit folgt eine frühe Karriere als Funktionär der verbotenen kommunistischen Bewegung. 1936 wird Ceauşescu wegen illegaler Parteiarbeit zu zwei Jahren Haft im Zuchthaus Doftana verurteilt. Ein folgenreiches Urteil, denn in diesem Gefängnis sitzen zur gleichen Zeit führende Parteimitglieder ein. Ceauşescu findet dort im Alter von 18 Jahren Anschluss an die Führungszirkel der rumänischen KP. Nach der Entlassung überlebt er die Jahre des Zweiten Weltkriegs im Wechsel zwischen Parteiarbeit und Inhaftierung – unter anderem im rumänischen KZ Tirgu Jiu.

In den politischen Wirren und mit äußerster Brutalität geführten Kämpfen vor und während des Krieges bleibt der Einfluss der KP stets gering. Die Parteinahme für sie verlangt vor allem Opfermut und unbeugsamen Überlebenswillen. Der Einmarsch der Sowjettruppen 1944 markiert damit eine historische Zäsur für Rumänien und gleichzeitig den Wendepunkt in Ceauşescus Leben. Unter dem Schutz der Sowjets werden ihre Kader nun zur herrschenden Instanz im Land. Die in der Haft und im illegalen Kampf erworbene Durchsetzungskraft bringt Ceauşescu in der Parteihierarchie rasch voran. 1946 wird er Abgeordneter der Nationalversammlung, 1948 Kandidat des Zentralkomitees und im gleichen Jahr tritt er als stellvertretender Landwirtschaftsminister in die Regierung ein. Zwei Jahre später ist er schon stellvertretender Verteidigungsminister.

Aufstieg im Politbüro

Sein Mithäftling in der Doftana, Gheorghiu-Dej, übernimmt 1952 die Macht in Regierung und Partei. Mit 37 Jahren wird Ceauşescu Politbüromitglied, verantwortlich für Organisation und Kader. In dieser zentralen Machtposition kann er gezielte Personalpolitik betreiben und sich so für die Zeit nach dem Tod seines Mentors in Stellung bringen. 1965 ist es so weit. Gheorghiu-Dej stirbt, Ceauşescu wird sein Nachfolger in der Parteiführung und zwei Jahre später auch im Amt des Staatsoberhaupts.

Die Grausamkeit steht ihm nicht ins Gesicht geschrieben, doch er war für den Tod von Tausenden Rumänen verantwortlich.

In den ersten zehn Jahren baut er seine Macht zielstrebig aus und übernimmt die zentralen Ämter in Militär, Wirtschaft, Staat und Verwaltung. Die 1974 eingeführte, halboffizielle Bezeichnung „Conducator" (Führer) ist ein erstes Anzeichen für seinen Allmachtswahn und Realitätsverlust.

In der Außenpolitik bezieht Ceauşescu in fast allen Fragen des Ost-West-Konflikts unabhängige Positionen, bis hin zur Anerkennung der BRD 1967 gegen den heftigen Widerstand des „sozialistischen Bruderlandes" DDR. Dahinter verbirgt sich weniger ein politisches Konzept als vielmehr Eigensinn und Geltungsbewusstsein des Diktators. Für eine eigenständige Rolle in der Weltpolitik ist Rumänien zu unbedeutend. Der wirtschaftliche Ertrag in Form von Unterstützung aus dem Westen bleibt gering.

Rücksichtslose Industrialisierung

Der radikale Ausbau der Schwer- und Erdölindustrie in dem Agrarland stürzt Rumänien, das keine ausgebaute Infrastruktur besitzt und keine freien Handelsbeziehungen eingehen kann, ins wirtschaftliche Unglück. Seit Ende der 70er Jahre regieren Vetternwirtschaft, Korruption, Raffgier der Diktatorenfamilie und bizarrer Repräsentationswahn.

In den 80er Jahren müssen die Rumänen für europäische Verhältnisse zum Teil beispiellose Not erleiden. In den Wintern 1986 und 1987 darf die Temperatur in den Wohnungen nur 12° C betragen. Verbot des Privatverkehrs, Landflucht, Hungersnot und Energiemangel führen zu katastrophalen Verhältnissen.

Im Dezember 1989 löst eine Massenkundgebung in Bukarest einen äußerst brutalen Bürgerkrieg aus, der etwa 10 000 Zivilopfer fordert. In seiner Folge wird Ceauşescu mit seiner einflussreichen Ehefrau Elena verhaftet. Am 25. Dezember 1989, zwei Tage nach ihrer Verhaftung, beginnt der Prozess gegen Elena und Nicolae Ceauşescu vor einem Militärgericht.

Nach kurzer Verhandlung verurteilt man sie wegen des Todes von 60 000 Menschen, des Ruins der rumänischen Wirtschaft und der Unterschlagung von 1 Mrd. US-Dollar zum Tode. Gleich nach der Urteilsverkündung wird das Ehepaar mit Maschinengewehrsalven hingerichtet.

Ceauşescus Biographie zeichnet ein unbeugsamer Überlebens- und Machtwille aus. Ihm fehlt dagegen jegliche Herrschaftsidee und jedes Verantwortungs- und Pflichtbewusstsein. Seine Diktatur bleibt eine Tragödie für das rumänische Volk.

Der „Conducator" wendet sich 1970 an die Studenten der Universität von Bukarest.

Tod dem tyrannischen König!
Oliver Cromwell

Wie schon sein Vater Jakob I. lag auch der seit 1625 regierende König Karl I. in ständigem Kampf mit dem Parlament, das er im Jahr 1629 ganz auflöste. Seine Herrschaft stützte sich von da an auf eine zentrale Regierungsbehörde und königliche Sondergerichte. Um Geldmittel für einen Krieg gegen Schottland zu erhalten, berief Karl I. im April 1640 das Kurze Parlament ein. Da das von den Puritanern dominierte Unterhaus Geldbewilligungen jedoch nur von königlichen Zugeständnissen in religiösen Fragen abhängig machte, wurde das Parlament schon nach 22 Tagen wieder aufgelöst. Einer der Parlamentarier, der gegen die königlichen Wünsche gestimmt hatte, war der 1599 geborene Landadlige und strenge Puritaner Oliver Cromwell.

Oliver Cromwell
Daten und Fakten

1599	* in Huntingdon
1640	Eintritt ins Lange Parlament
1649	Cromwell verkündet die Aufhebung der Monarchie
1651	Triumphaler Einzug Cromwells in London
1653	Auflösung des Rumpfparlaments
1657	Cromwell beruft ein neues Parlament ein
1658	† in London

Oliver Cromwell entmachtete König Karl I. und ließ ihn auf dem Schafott hinrichten.

Auch dem Langen Parlament, das am 3. November 1640 einberufen wird, gehört Oliver Cromwell wieder an. Die puritanische Mehrheit dieses Parlaments setzt im November die Grand Remonstrance durch. Dieses Dokument spricht dem Parlament die Souveränität zu und löst die Bischofskirche auf.

Kavaliere gegen Rundköpfe

Das Parlament ist aber nach wie vor gespalten in die „Kavaliere", die auf Seiten des Königs und der Bischofskirche stehenden adligen Großgrundbesitzer, und die „Rundköpfe", deren kaufmännische Interessen im Überseehandel und einer liberalen Wirtschaftspolitik liegen. Die letzteren sind wiederum gespalten in presbyterianische Puritaner und Independenten, die jegliche Kirchenregierung ablehnen. Nach dem gescheiterten Versuch, seine radikalsten Gegner, zu denen auch Cromwell zählt, festnehmen zu lassen, sieht sich der König gezwungen, aus London zu fliehen. Im nun ausbrechenden Bürgerkrieg fällt Cromwell die Organisation des Parlamentsheeres zu. Er bildet private Reiterregimenter, die „Ironsides" („Eisenseiten"), die aus den ihm treu ergebenen Independenten bestehen. Nach zwei vorangegangenen Siegen bezwingt er mit diesen disziplinierten Truppen das königliche Heer 1644 bei Marston Moor und 1645 bei Naseby. Cromwell, der inzwischen Generalleutnant seiner „New Model Army" ist, stärkt damit die Position der Independenten, deren Gegensatz zu den Presbyterianern im Parlament sich immer mehr verschärft. Im April 1646 flieht König Karl I. zu den überwiegend presbyterianisch gesonnenen Schotten. Im August 1648 erringt Cromwell bei Preston einen entscheidenden Sieg über die mit den Truppen des Königs verbündeten Schotten. Anfang Dezember führt die Armee im Parlament eine Säuberung durch, alle 140 Presbyterianer werden ausgeschlossen oder fliehen.

Der Tod des Königs

Übrig bleibt ein von Cromwell beherrschtes Rumpfparlament aus 60 der radikalsten Independenten. Im Rumpfparlament betreibt Cromwell nun die Anklageerhebung gegen den König. Ein von ihm geschaffener Sondergerichtshof verurteilt Karl I. am 27. Januar 1649 wegen Tyrannei und Anzettelung eines Bürgerkriegs zum Tode. Am 30. Januar stirbt der König auf dem Schafott. In Schottland wird kurz darauf sein Sohn als Karl II. zum König proklamiert. Cromwell verkündet indessen die Aufhebung der Monarchie. Am 19. Mai 1649 ruft die Armee die von einem 41-köpfigen Staatsrat regierte Republik „Commonwealth and free State of England" aus . Sie besteht aus einem Parlament aus Volksvertretern ohne Oberhaus. Zur selben Zeit erheben sich die katholischen und royalistischen Iren gegen die neue Regierung in London. Im August landet Cromwell mit 12 000 Soldaten in Dublin. Für den von einem fanatischen puritanischen Sendungsbewusstsein und einem tiefem Hass gegen die Katholiken getriebenen Oberbefehlshaber Cromwell ist der Irland-Feldzug gleichzeitig ein Religionskrieg. Zudem sieht er die Herrschaft der Independenten in England noch nicht als gesichert an, solange es in Irland noch Katholiken und Royalisten gibt. Ein auch noch nach Jahrhunderten bei den Iren nachwirkendes Trauma ist das von den englischen Soldaten begangene „Massaker von Drogheda" am 11. September 1649. Nach der Erstürmung Droghedas ordnet Cromwell die vollständige Plünderung der Stadt und die Ermordung der Zivilbevölkerung an.

Sein Ziel ist die Vernichtung und Vertreibung der katholischen Iren und eine Neubesiedlung der Insel mit protestantischen Engländern. In den Jahren 1650 und 1651 besiegt Cromwell die mit Karl II. verbündeten Schotten und nimmt die Festung Edinburgh ein. Bei seiner Rückkehr im September 1651 wird ihm in London ein triumphaler Empfang bereitet. Als Zeichen seiner Macht bezieht Cromwell das königliche Schloss Hampton Court.

Krieg gegen Holland und Spanien

Der Stärkung der englischen Seemacht dient die 1652 erlassene Navigationsakte, die den holländischen Zwischenhandel mit Kolonialgütern unterbinden soll. Dies führt noch im selben Jahr zum Krieg mit den Holländern. Der Durchsetzung von wirtschaftspolitischen Zielen dienen auch der Krieg gegen Spanien von 1655 bis 1658 und die Besetzung von Jamaica, das die Engländer zu einem wichtigen Umschlagplatz für den Handel mit schwarzen Sklaven ausbauen.

Im April 1653 löst Cromwell das Rumpfparlament auf und setzt das von der Armee abhängige Parlament der Heiligen ein, das sich schon Anfang Dezember selbst auflöst. Am 16. Dezember verkündet die Armee das Instrument of Government, eine neue Verfassung des Staates mit Cromwell als Lord-Protector von England, Schottland und Irland und Alleinherrscher an der Spitze.

Als das Parlament die neue Verfassung kritisiert, wird es von Cromwell aufgelöst, der in der Folgezeit als Militärdiktator herrscht. Um Gelder für den Krieg gegen Spanien zu beschaffen, beruft er im Mai 1657 ein neues Parlament ein. Dieses ernennt ihn zum Lord-Protector auf Lebenszeit und gewährt ihm das Recht, selbst seinen Nachfolger zu bestimmen. Zugleich nimmt aber auch die Unzufriedenheit mit der Diktatur Cromwells in allen Bevölkerungskreisen zu. Am 3. September 1658 stirbt Oliver Cromwell im Alter von 59 Jahren eines natürlichen Todes. Kurz vor seinem Tod bestimmt er seinen Sohn Richard zum Nachfolger.

Unter dem neuen Lord-Protector Richard Cromwell (1626-1712) brechen die alten Gegensätze zwischen dem Parlament und der Armee wieder auf. Am 7. Mai 1659 tritt das von Oliver Cromwell aufgelöste Rumpfparlament wieder zusammen. Ein paar Tage später legt Richard Cromwell sein Amt nieder. Im Jahr 1660 kommt auch das Lange Parlament in der Anordnung von 1648 wieder zusammen. Am 16. März löst es sich selber auf. Am 25. April wird ein neues Parlament einberufen, das von Royalisten und Presbyterianern beherrscht wird und die Restauration der Monarchie betreibt. Am 29. Mai 1660 erlebt London den feierlichen Einzug König Karls II.

Cromwell löst das lange Parlament auf.

Der „Revolutionsgeneral" auf dem Weg zur Macht
Porfirio Diaz

Mehr als 30 Jahre lang beherrschte der Diktator Porfirio Diaz, der als klassisches Beispiel eines vor-demokratischen Despoten gelten kann, sein Heimatland Mexiko. Während seiner Regentschaft, die von 1876 bis 1910 dauerte, besetzte er alle wichtigen Ämter mit seinen Vertrauten und Verwandten. Politische Gegner ließ Diaz liquidieren, Aufständische ermorden. Er starb im französischen Exil.

Porfirio Diaz
Daten und Fakten

1830	* in Oaxaca
1846	Diaz kämpft als Soldat im Krieg Mexikos gegen die USA
1871	Diaz leitet eine Protestbewegung
1877	Diaz wird zum Präsidenten gewählt
1900	Die Zapatisten formieren sich zum Widerstand gegen Diaz
1911	Diaz muss zurücktreten und geht ins Exil
1915	† in Paris

Die Rebellen gegen das Regime Diaz versetzten das ganze Land in Aufruhr.

Porfirio Diaz, ein indianischer Mestize, kommt 1830 in Oaxaca in bescheidenen Verhältnissen zur Welt. Er bricht seine Ausbildung zum Priester ab, als 1846 der mexikanische Krieg gegen die USA beginnt. Die Armee bietet Diaz die Chance einer militärischen Karriere, die er auch nach Kriegsende 1848 weiterverfolgt.

Der liberale Politiker Benito Juarez, der 1858 Präsident wird, ermuntert den jungen Mann persönlich, Jura zu studieren. 1871 führt Diaz eine Protestbewegung an, die sich – allerdings erfolglos – gegen die Wiederwahl Juarez' stellt, der ein Jahr später stirbt. Auch den nächsten Präsidenten, Sebastian Lerdo de Tejada, versucht Diaz im Jahr 1876 ohne Erfolg aus dem Amt zu vertreiben. Er flieht in die USA, kehrt aber ein halbes Jahr später zurück und schlägt mit seinen Anhängern die Einheiten der Regierung in Tecoac.

Im Mai 1877 wird Diaz erstmals zum Präsidenten gewählt und baut gezielt seinen Macht-apparat aus. Er kontrolliert direkt und indirekt nicht nur die Regierung, sondern auch die Gesetzgebung und die Gerichte. Eine Elitepolizei, die Rurales, belegt die Macht des allgegenwärtigen Polizeistaats. Die Presse wird zensiert und Revolten werden blutig niedergeschlagen. Die Basis seiner Macht ist sein geschickter Umgang mit verschiedenen Interessengruppen, die er virtuos gegeneinander ausspielt.

Die privilegierten kreolischen Großgrundbesitzer und Regierungsbeamten unterstützen ihn, weil er ihren Einflussbereich unangetastet lässt. Darüber hinaus stellen politische Positionen die Zustimmung der Mestizen zu seiner Politik sicher. Die katholische Kirche ist bereit, sich nicht in politische Angelegenheiten einzumischen, solange sie ihrerseits frei agieren kann. Die Bedürfnisse der unterprivilegierten Indios, die immerhin rund ein Drittel der Bevölkerung bilden, werden schlichtweg ignoriert.

Präsident Diaz (links) mit Pancho Villa, dessen Partisanen ihn schließlich stürzen.

Bittere Armut und unglaublicher Reichtum

Porfirio Diaz' Wirtschaftspolitik zielt darauf ab, die Reichen des Landes noch reicher und die Armen noch ärmer zu machen. Porfirio Diaz fördert die Rohstofferzeugung und die Leichtindustrie im Land; Bergbau und Erdölförderung werden auf- und ausgebaut, Eisenbahnen gebaut und die Textilindustrie ausgeweitet. Dies geschieht mit Hilfe ausländischer Investoren. Der Landbesitz wird durch Gesetze, die das bäuerliche Gemeineigentum zu Staatsland erklärten, von den Kleinbauern auf die Großgrundbesitzer verteilt; denn nur Letztere können die vom Staat geforderten Preise für den Boden bezahlen.

Dies führt dazu, dass im Jahr 1910 85 Prozent des Bodens einer kleinen Schicht von gerade einmal zwei Prozent der Bevölkerung gehören. Industrieproletariat und Landarbeiter haben mit ständig sinkenden Löhnen, extremer Armut und Hunger zu kämpfen. In der Folge kommt es zu Streiks und politischen Revolten. Auf diese Weise legt Porfirio Diaz selbst den Grundstein für seine schließliche Vertreibung aus dem Amt.

Zapata und Pancho Villa: Kampf für die Freiheit

Die verarmten Kleinbauern und das Industrieproletariat verbünden sich zu Widerstandsaktionen, die in der sogenannten mexikanischen Revolution gipfeln, auf deren Höhepunkt Diaz 1911 zurücktreten muss.

Der liberale Politiker Francisco Indalecio Madero begründet um 1900 die mexikanische Freiheitsbewegung, die Diaz stürzen will. Dabei wird er von den so genannten Zapatisten, Anhängern des indianischen Bauern- und Partisanenführers Emiliano Zapata und des ehemaligen Landarbeiters Francisco „Pancho" Villa, unterstützt.

Im Jahr 1910 beginnt der Bürgerkrieg, in den 1911 auch die USA eingreifen. Angeblich versuchen die Amerikaner zu verhindern, dass die Rebellen eine unabhängige Republik ausrufen. Trotzdem gelingt es den Aufständischen schließlich, die Oberhand zu gewinnen. Diaz muss zurücktreten und Madero wird Präsident. Mexiko geht damit einen wichtigen Schritt in Richtung Demokratie.

Siegeszug aus den weiten Steppen Asiens
Dschingis Khan

Dschingis Khan zählt zu den größten Feldherren und Staatsgründern der Geschichte. Sein Reich erstreckte sich vom Chinesischen Meer bis an die Grenzen Europas. Er öffnete Handelswege und verband die verschiedensten Völker. Marco Polo, der am Hof Kublai Khans, Dschingis Khans Enkel, lebte, rühmte den Eroberer. Doch die unterdrückten Völker sprechen vom „Tatarenjoch" des Dschingis Khan.

Dschingis Khan
Daten und Fakten

- **1162** * am Fluss Onon
- **1171** Dschingis Khan wird im Alter von neun Jahren Mongolenführer
- **1190** Ernennung zum Khan der Mongolenstämme
- **1196** Dschingis Khan wird Herrscher des vereinten Mongolenstaates
- **1215** Dschingis Khan marschiert in Peking ein
- **1227** † in Folge eines Reitunfalls

Dschingis Khan, dessen Geburtsname Temudschin ist, wird etwa um 1162 am Fluss Onon geboren. Sein Vater Jesügei ist der Stammesfürst. In der Kindheit bei Reiter- und Bogenspiel schließt der spätere Mongolenführer Blutsbrüderschaft mit Dschamucha. Dieser wird in den Kämpfen um die Vormacht sein stärkster Rivale sein. Als Jesügei 1171 aus Rache für einen früheren Raub von feindlichen Tataren vergiftet wird und stirbt, ist sein neunjähriger Sohn sein Haupterbe und Nachfolger. Doch durch Zwistigkeiten und selbst ernannte Anführer im Stamm bricht die Lagergemeinschaft auseinander. Jesügeis Frau wird mit den Kindern allein in der Steppe zurückgelassen, wo sie um das Überleben kämpfen. In diese Jahre fällt Temudschins Brudermord, der außer in der „Geheimen Geschichte" nirgends verzeichnet ist: Der Stiefbruder hat sich Temudschin als dem Familienoberhaupt und Sohn der Hauptfrau widerrechtlich widersetzt. Nach Steppengesetz gilt es daher, den Pfeil kaltblütig zur Strafe anzulegen.

Ogodai, der dritte Sohn Dschingis Khans und dessen Nachfolger, macht Karakorum zur befestigten Hauptstadt des Reiches. Er richtet unter anderem eine Kanzlei mit persischen, uigurischen und chinesischen Schreibern ein. Kurz vor seinem Tod lässt er 1240 die Geschichte der Mongolen von den Anfängen bis zur aktuellen Situation aufzeichnen. Dieser „Ursprung der Herrscher" liefert die wertvollsten Daten zum Leben Dschingis Khans. Da dieses Werk lediglich für das Herrscherhaus zugänglich war, heißt es „Die Geheime Geschichte der Mongolen".

Im Vergleich mit einer späteren Lebensaufzeichnung des Herrschers, die aus dem 14. Jahrhundert stammt und deren Schreiber die Be-

gebenheiten nur mündlich erfuhr, erkennt man, dass „Die Geheime Geschichte" die Biographie Dschingis Khans ungeschönt enthält. Sie beschreibt nicht nur Niederlagen, sondern auch Unrühmliches, wie den Mord in jungen Jahren, den er mit seinem Bruder Chaser an seinem Stiefbruder Bekter verübt.

Auf der Suche nach Freiheit und Reichtum

In einer Reihe von Überfällen in den folgenden Jahren schließen sich Temudschin erste Gefolgsleute an. Mit sicherer Menschenkenntnis, nachdenklich-abwägend und dennoch zielstrebig, beginnt er, ein Netz von Beziehungen aufzubauen. Er sammelt Männer um sich, die ihre Stammesgesellschaft verlassen wollen, um ein freieres und besseres Leben zu führen. Dem knapp zwanzigjährigen Temudschin eilt der Ruf voraus, den eigenen Leuten gegenüber gerecht und großzügig zu sein. Immer mehr Menschen schließen sich dem zukünftigen Eroberer an. Um das väterliche Erbe zurückgewinnen zu können, begibt er sich als Vasall in den Dienst des To'oril.

1190 erheben mehrere Mongolenstämme Temudschin zum Khan mit dem Namen Dschingis Khan („ozeangleicher Herrscher" oder „Weltenherrscher"). Die Regierung des Chinesischen Nordreichs lädt Dschingis Khan ein, sich an einer Strafexpedition gegen die Tataren zu beteiligen. Von dort kehrt er mit reichlicher Beute und mit einem Titel zurück. Dieser taucht sogar in den Annalen der Goldenen Kaiser auf; er wird zum ersten Mal geschichtlich erwähnt.

Die nächsten Jahre bis 1206 sind gekennzeichnet durch die Kämpfe um die Alleinherrschaft. Mit Grausamkeit und Härte bahnt sich

*Dieses chinesische Gemälde
aus dem Jahr 1300 zeigt den
mongolischen Herrscher bei
der Jagd.*

Dschingis Khan seinen Weg. Mit eigenhändigen Hinrichtungen ahndet er Verstöße gegen Loyalität. Bei besiegten Stämmen wird zumeist die gesamte Aristokratie ausgelöscht und das einfache Volk und die Kinder in den eigenen Stamm integriert. Im Gegensatz zu früher, als jeder einzelne Anführer Beute machen konnte, ist diese nun bei Dschinghis Khan abzuliefern, der sie von oberster Stelle verteilt. Mit einem strengen Zuchtkodex ist auch das alltägliche Leben belegt. In den eigenen Reihen gibt es kaum Diebstahl oder Raub; Gehorsam ist die oberste Pflicht.

Weltmacht Mongolei

Im Jahr 1206 rufen die turkomongolischen Stämme und Völker am heiligen Fluss Onon, im Stammland der Mongolen, Dschingis Khan zu ihrem Herrscher aus. Die Einigung der Mongolen in einen Nationalstaat ist vollzogen. Die Stammesfehden haben ein Ende. Eine Weltmacht entsteht. Der neue Alleinherrscher beginnt einen straffen feudalistischen Militärstaat aufzubauen. Die Truppeneinheiten werden auf ein Dezimalsystem umgestellt, neue Kampfstrategien ersonnen und eingeübt, damit das neue, schlagkräftige Reiterheer auch befestigte Städte stür-

men kann. Straßen und Postdienste werden eingerichtet, um schnellstens Informationen über die weiten Strecken weiterzugeben. Reisende auf den Karawanenwegen, die unter dem Schutz des Herrschers stehen, können ausgefragt werden und für die Eroberung der neuen Länder wichtige Hinweise geben. Zudem lässt Dschingis Khan, obwohl er selbst zeit seines Lebens Analphabet bleibt, auf uigurischer Grundlage eine Schriftsprache entwickeln.

Die großen Welteroberungen Dschingis Khans setzen ab 1209 ein. Der Staat der Tangut wird unterworfen, das Reich der Goldenen Kaiser, denen der Mongole in jungen Jahren dienstbar war. 1215 fällt Peking in seine Hand. Um den Überfall auf Händler zu sühnen, zieht Dschingis Khan gegen Muhammed II., den Sultan von Choresm, zu Felde. Der grausame Ruf, der den Mongolen anhängt, gründet sich auf diesen Vergeltungsschlag. Die Feldherrn des Herrschers ziehen in alle Richtungen aus und dringen über den Kaukasus bis in die Ukraine und auf die Krim vor. 1226 bricht Dschingis Khan zu seinem letzten Feldzug auf, einer Strafexpedition gegen die Tangut. Durch einen Sturz vom Pferd wird er innerlich schwer verletzt und stirbt am 18. August 1227.

Haiti im Würgegriff von „Papa Doc"
François Duvalier

François Duvaliers Regime war nach westlicher Auffassung geprägt von erschreckender Brutalität und Ziellosigkeit. Ihm schien keinerlei politische Idee zugrunde zu liegen. Seine Wandlung vom sozial engagierten Land- und Seuchenarzt zum blutrünstigen Diktator ist letztlich nur mit dem Verhaftetsein in den archaischen Denkweisen des magischen Vodoo-Kults auf Haiti zu erklären.

François Duvalier
Daten und Fakten

1907	* in Port-au-Prince
1950	Duvalier ist kurzzeitig Arbeitsminister
1957	Nach Putsch und Unruhen übernimmt Duvalier das Amt des Präsidenten
1961	Duvalier löst das Parlament auf
1964	Duvalier erklärt sich selbst zum Präsidenten auf Lebenszeit
1971	† (Herzattacke) in Port-au-Prince

François Duvalier wird am 14. April 1907 in Port-au-Prince geboren und studiert an der Universität von Haiti Medizin. Von 1934 bis 1946 ist Duvalier in Krankenhäusern und Kliniken auf Haiti tätig. Aus dieser Zeit stammt der spätere Beiname „Papa Doc".

Duvalier arbeitet mit dem US Army Medical Corps beim Studium und bei der Bekämpfung von Volksseuchen zusammen. Gemeinsam mit diesen Medizinspezialisten unter den auf Haiti stationierten US-Armeeeinheiten organisiert Duvalier den Kampf gegen Malaria und gegen die Himbeerpocken, unter denen vor allem die Schwarzen auf Haiti zu leiden haben.

Auf Grund der erfolgreichen Gesundheitskampagne erfreut er sich einer großen Beliebtheit innerhalb der Bevölkerung. 1946 wird Duvalier zum Generaldirektor des Nationalen Gesundheitsdienstes ernannt. 1950 ist er für kurze Zeit Arbeitsminister.

Ein Staatsstreich bringt im Mai 1950 den Diktator Paul Eugène Magloire an die Macht. Duvalier zieht sich in eine Landarztpraxis zurück und organisiert den geheimen Widerstand gegen den neuen Machthaber. Sieben Jahre später ist er am Ziel. Magloire wird gestürzt und nach monatelangen Unruhen wird Duvalier im Oktober 1957 zum Präsidenten gewählt.

Vom Landarzt zum Diktator

Bereits ein Jahr nach seinem Amtsantritt setzt er die Verfassung außer Kraft. Er baut ein diktatorisches Regime auf und lässt in Militär und Regierung Säuberungsaktionen durchführen; er ordnet Massenhinrichtungen und Ausgangssperren an. Politische Gegner werden hingerichtet, viele verschwinden spurlos. Das entschei-

dende Machtinstrument seiner Schreckensherrschaft ist dabei die von ihm organisierte Privatarmee Tonton Macoute. Dabei handelt es sich um eine paramilitärische Polizei- und Spitzelorganisation, die ohne jede legislative oder exekutive Grundlage vorgeht und keinen erkennbaren Regeln folgt. Ihr Vorgehen ist daher unberechenbar und vollkommen willkürlich.

Am 8. April 1961 löst Duvalier das Parlament auf. In das neue Einkammerparlament werden ausschließlich seine Anhänger gewählt. Nachdem Duvalier 1962 auch die katholischen Bischöfe des Landes verweisen lässt, wird er von Rom exkommuniziert. 1964 erklärt er sich selbst zum Präsidenten auf Lebenszeit.

Bis 1967 lässt Duvalier etwa 2000 politische Gegner hinrichten, zahlreiche andere müssen fliehen. Gegen die Herrschaft Duvaliers kommt es immer wieder zu Aufständen, die jedoch alle erfolglos bleiben.

Bittere Armut und Analphabetismus: Haiti am Ende

Haiti zählt zu den ärmsten Ländern der Welt. Einige US-amerikanische Firmen tätigen Ende der 60er Jahre, angelockt durch die relative Stabilität des Regimes und die Friedhofsruhe im Land, verstärkt private Investitionen. Dennoch bricht die Wirtschaft des Landes in den Jahren des Terrorregimes fast vollends zusammen. Rund 90 Prozent der haitianischen Bevölkerung bleiben weiterhin Analphabeten. Trotz dieser erschreckenden Bilanz verfügt Duvalier zeit seines Lebens über ein großes Maß an Popularität in der einfachen Bevölkerung.

Am 1. April 1971 stirbt Duvalier in Port-au-Prince an den Folgen einer Herzattacke. In den

Monaten vor seinem Tod gelingt es ihm noch, die Weichen für seine Machtnachfolge zu stellen. Im Januar 1971 ändert die Legislative die Verfassung dahingehend, dass er seinen 20-jährigen Sohn Jean Claude Duvalier, genannt „Baby Doc", zu seinem Nachfolger bestimmen kann. Entgegen der Meinung zahlreicher Beobachter kann sich der Sohn mit den vom Vater „geerbten" Terrormitteln fast 15 Jahre im Amt des Staatspräsidenten halten. Anfang 1986 wird er aus dem Amt vertrieben und geht nach Frankreich ins Exil.

Die Terror-Dynastie der Duvaliers kostet tausende von Menschenleben. Sie hinterlässt Haiti nach 30 Jahren wirtschaftlichen sowie bildungs- und sozialpolitischen Stillstands in einer Situation, die von Not und Elend geprägt ist.

Ein steiniger Weg zur Demokratie

Zur Lichtgestalt der völlig verarmten Bevölkerung avanciert der katholische Geistliche Jean-Bertrand Aristide. Im Dezember 1990 geht er aus den ersten freien Präsidentschaftswahlen des Landes als Sieger hervor. Nach nur acht Monaten im Amt wird er jedoch von den Militärs unter General Raoul Cèdras aus dem Amt geputscht. Er muss in die USA fliehen.

Erst nach einem totalen Wirtschaftsembargo und einem militärischen Eingreifen durch die USA kann Aristide 1994 in sein Amt zurückkehren. Seit 1996 regiert Aristides enger Vertrauter René Préval, der die demokratischen Wahlen klar für sich entschieden hatte. Der Amtswechsel von Aristide zu Préval ist der erste in der Geschichte des karibischen Inselstaates, der demokratisch und unblutig vollzogen wird.

Dennoch bleibt die Zukunft Haitis ungewiss. Im Gegensatz zum Nachbarland, der Dominikanischen Republik, hat Haiti kaum Deviseneinnahmen aus dem Tourismus. Die Arbeitslosigkeit beträgt etwa 50 Prozent, das Land bleibt eines der ärmsten auf der Welt. Während sich der Duvalier-Clan hemmungslos bereicherte, ist der Alltag der meisten Haitianer immer noch von Armut und großer Not geprägt.

Der gefürchtete „Papa Doc" errichtete auf Haiti eine der grausamsten Diktaturen der westlichen Welt.

Chaos und Terror in Togo
Etienne Gnassingbé Eyadéma

Präsident Etienne Gnassingbé Eyadéma, der erst 1998 seine Amtszeit um weitere sieben Jahre verlängerte, ist in Togo seit 33 Jahren an der Macht. Zunächst in der Gunst der alten Kolonialmächte Frankreich und Deutschland – Franz Josef Strauss zählte in alten Tagen zu seinem persönlichen Freundeskreis –, geriet Eyadéma durch seine Menschenrechtsverletzungen zunehmend in die Kritik. Dem Erstarken der Opposition begegnete der Diktator mit gesteigerter Willkür und Brutalität.

Etienne Eyadéma
Daten und Fakten

1937	* in Pya
1967	Durch einen Putsch wird Eyadéma zum Präsidenten Togos.
1969	Gründung der Einheitspartei RPT
1980	Eyadéma ruft die „Dritte Republik" aus
1990	Entmachtung Eyadémas
1992	Rückkehr Eyadémas an die Macht

Beim ersten Kongress der RPT erläutert Eyadéma seine politischen Ziele.

Gnassingbé Eyadéma, der am 26. Dezember 1937 in Pya nahe der Grenze zu Benin geboren wird, gehört dem kleinen Stamm der Kabré an. Im Dienst der französischen Armee kämpft Eyadéma von 1953 bis 1961 in Indochina, Dahomey, Niger und Algerien. Nach seiner Rückkehr wird er zwar zum Kolonialoffizier befördert, jedoch auf Grund von Sparmaßnahmen aus der Armee entlassen. Als sich Präsident Sylvanus Olympio weigert, die 626 Veteranen, darunter auch Eyadéma, in die Streitkräfte Togos zu übernehmen, kommt es zum Putsch. Eyadéma selbst soll dabei Olympio ermordet haben.

Auf den Tag genau vier Jahre später putscht Eyadéma ein zweites Mal. Inzwischen zum Oberstleutnant und Generalstabschef der Armee aufgestiegen, geht er gegen den Nachfolgepräsidenten Nicolas Grunitzky vor. Nach der Aufhebung der Verfassung, der Auflösung der Nationalversammlung und dem Verbot aller Parteien ernennt sich Eyadéma am 14. April 1967 zum Präsidenten der Republik. Er übernimmt zugleich das Amt des Regierungschefs sowie das Verteidi-

gungsresort und erhebt sich in den Rang eines Brigadegenerals.

Mit der Massierung der Ämter und der Gründung der Regierungs- und Einheitspartei RPT 1969, deren Vorsitz er übernimmt, baut der Regent seine Macht weiter aus. Die ersten Wahlen nach 16 Jahren bestätigen ihn 1979 als einzigen Präsidentschaftskandidaten weitere sieben Jahre im Amt. Die neue Verfassung, über die gleichzeitig abzustimmen ist, wird angenommen, und die 67 Kandidaten der Einheitspartei ziehen, mit 96 Prozent gewählt, in das Parlament. Am 13. Januar 1980 ruft Eyadéma die „Dritte Republik" aus. Seine Position scheint trotz mancher Putschversuche gefestigt.

Afrikanisches Musterland oder menschenverachtende Despotie?

Außenpolitisch tritt Eyadéma zudem als Vermittler in Konflikten der Nachbarstaaten auf. Togo gilt durch seine wirtschaftliche Stabilität, die durch westliche Finanzhilfen gestärkt wird, in dieser Zeit als „Afrikanische Schweiz".

Um dem Vorwurf der Menschenrechtsverletzung zu entgehen, setzt der Präsident, der 1986 mit 99,95 Prozent wieder gewählt wird, eine Untersuchungskommission ein. Auf die demokratisch ausgerichtete Opposition, die sich immer stärker formiert, reagiert Eyadéma mit dem häufigen Wechsel seiner Minister. Mordanschläge auf politisch Andersdenkende und brutale Übergriffe der Armee nehmen zu. Streiks und Unruhen, zuletzt auch der internationale Druck, zwingen den Diktator jedoch im Oktober 1990, eine neue Verfassung, in der das Mehrparteiensystem verankert ist, sowie eine Generalamnestie für politische Gegner zu akzeptieren. Verschiedene oppositionelle Gruppen schließen sich in einem Dachverband (FAR) zusammen, dessen Verbot nur die sofortige Gründung einer noch größeren Dachorganisation (FOD / COD) bewirkt. Durch einen Generalstreik wird die Einberufung einer Nationalen Konferenz durchgesetzt, bei der sich der im Exil lebende Sohn des ersten Präsidenten, Gilchrist Olympio, als wichtigster Gegner Eyadémas profiliert. Die Konferenz erklärt sich zum Souverän, löst Verfassung und Nationalversammlung auf und setzt ein Übergangsparlament ein. Der Diktator wird entmachtet und der Führer der Menschenrechtsliga Joseph Kokou Koffigoh erhält das Premierministeramt.

Eyadéma gibt nicht auf

Mit Hilfe des Militärs gelangt Eyadéma 1992 wiederum an die Macht. Mit Attentaten, Verhaftungen oder willkürlichen Aktionen der Armee wird Koffigoh eingeschüchtert und in die Rolle einer Marionette gedrängt. Ein unbefristeter Generalstreik, der Eyadéma zur Einhaltung des vereinbarten Demokratisierungsplanes zwingen soll, treibt das Land, das inzwischen ohne ausländische Finanzhilfe auskommen muss, in den wirtschaftlichen Ruin. Da vor allem der Mehrheitsstamm der Ewe gegenüber dem Minderheitsstamm der Kabré, dessen Mitglieder seit Eyadémas Aufstieg 1967 die wichtigsten Posten im Staat besetzen, opponiert, gewinnen die Konflikte auch eine ethnische Dimension. Als die Präsidialgarde des Diktators unter Demonstranten ein Blutbad anrichtet, bieten Deutschland und Frankreich Vermittlungsgespräche an. Diese bleiben jedoch ohne Erfolg. Immer wieder gelingt es dem Machthaber, die Präsidentenwahlen zu seinen Gunsten zu manipulieren und sich im Amt zu bestätigen.

Die Präsidentenwahl im August 1993 wird von einem Großteil der Bevölkerung boykottiert. Eyadéma bereitet die Wahl durch Überfälle sowie Razzien gegen Oppositionelle und angebliche Verschwörer vor. Mehr als hundert Menschen sterben, tausende fliehen über die Grenzen nach Ghana oder Benin. Die beiden aussichtsreichen Gegenkandidaten nehmen ihre Bewerbung wegen massiver Manipulation bei der Wahlvorbereitung zurück. Die deutschen und amerikanischen Wahlbeobachter werden vor der Wahl abgezogen; sie bezeichnen diese als „demokratisch

missglückt". Eyadéma erhält in diesem Alleingang bei 36 Prozent Wahlbeteiligung einen Stimmenanteil von 92 Prozent.

Bei der Wahl von 1998 wird die Auszählung der Stimmen abgebrochen, als der Erfolg Olympios abzulesen ist. Mit 59 Prozent beansprucht er zu Recht das Präsidentenamt und wird dabei von allen Oppositionsparteien unterstützt. Eyadéma erklärt sich darauf mit 52 Prozent zum Wahlsieger und schlägt die Forderungen der Opposition in den Wind.

Wie viele andere Despoten auch liebt Eyadéma den Auftritt in reich verzierten militärischen Uniformen.

Der letzte Diktator Westeuropas
Francisco Franco y Bahamonde

Franco bestimmte bis zu seinem Tod 1975, gestützt auf die Armee, Kirche und Staatspartei „Falange", das Geschick Spaniens. Als letzter Diktator Westeuropas, der mit Hitlers und Mussolinis Hilfe den Spanischen Bürgerkrieg gewonnen hat, setzte er unbeugsam bis zu seinem Lebensende Terror und Druck ein, um sein faschistisches Regime zu erhalten.

Francisco Franco
Daten und Fakten

1892	* in El Ferrol
1926	Franco wird Spaniens jüngster General
1936	Franco ist Rädelsführer bei einer Revolte gegen die republikanische Regierung
1939	Franco wird der Ehrentitel „Caudillo" verliehen
1940/41	Exekutionswelle: 190 000 Menschen verlieren ihr Leben
1947	Franco ernennt sich zum Präsidenten auf Lebenszeit
1975	† in Madrid

Francisco Franco, geboren am 4. Dezember 1892 in El Ferrol, schlägt früh eine militärische Laufbahn ein. Nach seiner Ausbildung an der Infanterie-Akademie von Toledo meldet er sich 1912 zum Kolonialdienst nach Marokko. Er geht erfolgreich gegen die aufständischen Rifkabylen vor und baut die spanische Fremdenlegion mit auf, 1923 wird er deren Kommandeur und ist nach seiner Weiterbeförderung 1926 der jüngste spanische General. In Saragossa übernimmt Franco 1928 die Leitung der Militärakademie. Durch die Ausrufung der Republik 1931 wird er zunächst kaltgestellt, bis die rechtsgerichteten Parteien 1933 die Wahl gewinnen. 1934 schlägt Franco den Aufstand der Bergarbeiter in Asturien nieder und bereits ein Jahr später betraut man ihn als Generalstabschef mit Heeresreformen.

Auch als Franco nach dem Sieg der Volksfront 1936 auf die Kanarischen Inseln abgeschoben wird, hält er den Kontakt zu den Rechtsgruppen. In Absprache mit dem Militär löst er mit der Unterstützung der spanischen Fremdenlegion und den marokkanischen Einheiten gegen die republikanische Regierung am 17./18. Juli 1936 eine Revolte aus.

Der spanische Bürgerkrieg

Diese Revolte weitet sich zum Spanischen Bürgerkrieg, der drei Jahre dauert, aus. Da die Republikaner den Seeweg sperren, erhält Franco von Hitler und Mussolini Transportflugzeuge, um die Truppen aus Nordafrika nach Spanien überzusetzen. Am 1. Oktober 1936 ernennt die

Im spanischen Bürgerkrieg kämpften die Faschisten unter Franco gegen die republikanische Regierung.

Der „Caudillo" regierte Spanien bis zu seinem Tod im Jahre 1975.

neu gebildete Junta-Regierung Franco zum Generalissimus (Oberbefehlshaber) aller aufständischen Streitmächte, zum Staatsoberhaupt und Chef der „nationalspanischen" Regierung.

Als Franco 1937 die Führung der Falange übernimmt, erzwingt er den Zusammenschluss mit den „Karlisten" und rückt damit seine konservativen und monarchistischen Ziele in den Vordergrund. Franco nutzt die Partei als einzige politisch zugelassene Organisation, um die unterschiedlichen nationalen Kräfte zu sammeln und für den eigenen Machtgewinn auszuspielen. Auf der Grundlage einer ständisch orientierten Gesellschaftsordnung errichtet der Generalissimus ein faschistisches Regime, in dem er alle Formen der Opposition, freie Interessenvertretungen und regionale Autonomiebemühungen unterbindet. Der Katholizismus gilt als einzig mögliche Konfession, und der Kirche werden Erziehung und die damit verbundenen Institutionen inklusive der Universitäten anvertraut.

Am 1. April 1939 erklärt der siegreiche Generalissimus den Bürgerkrieg als beendet und nimmt den Ehrentitel „Caudillo" (Führer) an. Er ist bereits von den Westmächten offiziell anerkannt. Denn die republikanische Regierung hat sich nach der Eroberung Barcelonas im Januar 1939 aufgelöst, und Franco hat das aufgeriebene Heer nach Frankreich vertrieben.

Der Bürgerkrieg, der mit Terror und Härte auch gegen Zivilisten geführt wird, kostet mehr als eine halbe Million Menschen das Leben. Auf der Seite der Republikaner kämpfen Truppenverbände der UdSSR und sechs „internationale Brigaden", die sich aus ca. 35 000 Freiwilligen unterschiedlicher Nationen formieren. 50 000 italienische und 20 000 deutsche Soldaten („Legion Condor") unterstützen die nationalen Truppen, um Franco zum Sieg zu verhelfen. Die deutsche Luftwaffe wirft dabei am 26. April 1937 Bomben auf die ausschließlich zivile Bevölkerung der nordspanischen Stadt Guernica ab. Erbarmungslos werden auch nach dem Kriegsende noch Gegner aufgespürt und hingerichtet. In den Jahren 1940/41 gibt es ca. 190 000 Exekutionen. Eine umfassende Amnestie erfolgt erst in den 60er Jahren.

Im „Nachfolgegesetz" von 1947 wird Spanien als repräsentatives Königreich verankert. Franco selbst lässt sich als Präsident auf Lebenszeit bestätigen und übernimmt die Regentschaft in einer Monarchie ohne König. Er bestimmt Prinz Juan Carlos zu seinem Nachfolger.

Obwohl sich Franco während des Zweiten Weltkriegs mit Hitler trifft und die „Blaue Division" als Unterstützung zur Ostfront entsendet, bewahrt er Neutralität. Nach 1945 wird gegen Franco und sein Regime ein politischer und wirtschaftlicher Boykott verhängt, der erst 1953 durch den Stützpunktvertrag mit den USA gelockert wird. Amerikanische Kredite folgen und kurbeln die stark zurückgefallene landwirtschaftliche und industrielle Produktion des Landes an. 1955 wird Spanien in die UNO aufgenommen; der Staat wird rehabilitiert, aber nicht das Regime.

Das Volk schweigt nicht mehr

Die verbesserte wirtschaftliche Situation wirft Ende der 60er Jahre innerhalb der Bevölkerung auch die Frage nach mehr Gerechtigkeit, Freiheit und Selbstbestimmung auf. Basken und Katalanen unterstreichen ihre Autonomieforderungen mit Terrorakten. Um das eigene Regime nicht zu gefährden, gesteht Franco minimale Demokratisierungen zu. Neue Gesetze zu Pressefreiheit, Religionsfreiheit und das Staatsgrundgesetz folgen. Dennoch verschärft sich die innenpolitische Situation. Franco hebt zwar unter dem Protest der Weltöffentlichkeit im Jahr 1970 Todesurteile gegen Basken auf, im September 1975 jedoch lässt er angebliche Terroristen – trotz der Rückberufung von vierzehn Botschaftern aus Madrid – hinrichten. Am 20. November 1975 stirbt Francisco Franco nach einmonatigem Todeskampf in Madrid.

Terrorismus im Auftrag Libyens
Muammar Al-Gaddhafi

Am 1. September 1969 war über Radio Bengasi die Stimme eines noch unbekannten Obersten namens Muammar Al-Gaddhafi zu hören: „Volk Libyens, in Erfüllung Eures Willens, in Erfüllung Eurer tiefsten Wünsche ... haben es Deine Streitkräfte übernommen, das korrupte Regime zu stürzen". Ein „Bund freier Offiziere", an dessen Spitze der im September 1942 nahe der Küstenstadt Sirte in einem Berberzelt geborene Muammar Al-Gaddhafi stand, hatte mit einem unblutigen Putsch den zur Kur in der Türkei weilenden libyschen König Idris gestürzt.

Muammar Al-Gaddhafi
Daten und Fakten

1942	* bei Sirte
1969	Oberst Gaddhafi putscht
1977	Gaddhafi verabschiedet neue Verfassung
1980	Libysche Truppen marschieren in den Tschad ein.
1986	US-Präsident Reagan lässt Tripolis bombardieren, um den Tod eines amerikanischen Soldaten zu vergelten.
1993	Der UN-Weltsicherheitsrat beschließt, die Sanktionen gegen Libyen zu verschärfen.

Gaddhafi übernimmt nach dem Putsch den Vorsitz des Revolutionsrates und den Oberbefehl über die Streitkräfte. Eine seiner ersten Amtshandlungen ist die Ausweisung und Enteignung von 20 000 Italienern, den ehemaligen Kolonialherren, und die Schließung britischer und amerikanischer Militärbasen. Gaddhafis großes Vorbild ist der 1970 verstorbene ägyptische Staatspräsident Gamal Abdel Nasser und der von ihm propagierte arabische Nationalismus.

Panarabisches Sendungsbewusstsein

Gaddhafi sieht es als seine Aufgabe an, Nassers Vermächtnis in alle Welt zu tragen, das heißt die arabische Einheit voranzutreiben, den Sozialismus einzuführen und den Islam zu stärken. Daher lässt er gleich nach seiner Machtübernahme Alkohol, Prostitution und jegliche öffentlichen Vergnügungen verbieten. Er schließt die christlichen Kirchen, erklärt den Koran zur Lebensgrundlage und verkündet eine „Kulturrevolution" zur Ausrottung der Korruption. In einer Sammlung von Reden – „Dritte Universale Theorie" – stellt Gaddhafi 1973 seine Vorstellung von einer neuen sozialistischen Gesellschaft dar. Diese soll von den zwischen Mai und November 1973 gebildeten 1200 Volkskomitees organisiert werden.

Zu Beginn des Jahres 1976 legt Gaddhafi den ersten Band seines „Grünen Buches" vor. Seine darin enthaltene Staatskonzeption erhält im März 1977 Verfassungscharakter. Für die Stammesgesellschaft Libyens verwirft Gaddhafi die repräsentative Demokratie als Verfälschung des Volkswillens, der in Zukunft durch Volkskongresse vollstreckt werden soll. Das Ergebnis ist eine egalitäre „Volks-Dschamaharija", ein „Massenstaat". Gleichzeitig bedient sich Gaddhafi zur Sicherung seiner eigenen Herrschaft der alten Stammesstrukturen. So gehören alle Geheimdienstmitglieder seinem eigenen Beduinenstamm an. Die Autorität des Revolutionsführers, gleichsam ein Stammesführer, ist unanfechtbar. Oppositionelle werden gnadenlos verfolgt, auch im Ausland.

Obwohl er für die Verbreitung des Islams kämpft, ist Gaddhafi selber jedoch keineswegs Islamist. In seinen Schriften überschüttet er die Islamisten mit Hohn und Spott, im Sommer 1999 bezeichnet er die radikalen Moslem-Brüder als „schlimmer als Aids". Auch Gaddhafis Haltung den Frauen gegenüber ist gänzlich unislamisch. Nach seinem Grundsatz „Der Staat der Massen soll kein Staat der Männer sein" ruft er die Frauen dazu auf, Männerberufe zu erlernen. Sie sollen auch Offiziere werden, um die Männer zu beschämen. Enttäuscht von den arabischen Männern, bezeichnet Gaddhafi diese als „Memmen, über die die Welt lacht, Besiegte vom Golf bis zum Atlantik". Er selbst umgibt sich mit einer weiblichen Leibgarde. Eine Ursache für seine Verachtung der arabischen Männer ist Gaddhafis gescheiterter Versuch, die arabische Welt zu einen. Kein arabischer Führer kommt dem in zahlreiche Terrorakte verwickelten und deshalb international boykottierten libyschen Revolutionführer zu Hilfe.

Der libysche Revolutionsführer Gaddhafi hat sein Land in die außenpolitische Isolation getrieben – sowohl die westlichen als auch die arabischen Staaten haben sich von dem Land abgewendet.

Mit seinen Ölmilliarden unterstützt Gaddhafi überall auf der Welt terroristische Befreiungsbewegungen, so auch die IRA in Nordirland. Er gilt als Finanzier und Drahtzieher der Terrororganisation „Schwarzer September", die 1972 bei der Olympiade in München ein Blutbad unter israelischen Sportlern anrichtet. Durch eine Aussage des deutschen Exterroristen Hans-Joachim Klein im Herbst 1999 erhärtet sich der Verdacht, dass Gaddhafi auch bei der Entführung der OPEC-Minister im Jahr 1975 in Wien seine Finger im Spiel gehabt hat.

Nach Bombenanschlägen auf die Flughäfen von Rom und Wien im Dezember 1985 verhängen die USA eine Totalblockade über Libyen. Als bei einem mutmaßlich von libyschen Terroristen verübten Bombenattentat auf die Berliner Diskothek „La Belle" ein US-Soldat ums Leben kommt, lässt US-Präsident Reagan am 15. April 1986 Tripolis und Bengasi bombardieren. Ziel ist das Hauptquartier Gaddhafis, der nur knapp dem Tod entrinnt. Seine Adoptivtochter stirbt bei dem Angriff und zwei seiner Söhne werden schwer verletzt.

Außenpolitisch gelingt dem Diktator Ende der 80er Jahre eine Wiederannäherung an seine nordafrikanischen Nachbarländer. Indessen werden die öffentlichen Auftritte des stets in prächtige Phantasieuniformen oder malerische Berbergewänder gehüllten Revolutionsführers immer skurriler. So bezeichnet er 1989 auf einem Gipfel der Blockfreien in Belgrad diese als „Kriecher und Spinner", den Dollar „als den Teufel selbst" und fordert, die Juden in einem Staat zwischen Deutschland und Frankreich oder in Alaska anzusiedeln.

Der Anschlag von Lockerbie

Am 21. Dezember 1988 explodiert über dem schottischen Ort Lockerbie in einer amerikanischen Verkehrsmaschine eine Bombe. Alle 259 Insassen der Maschine und elf Bewohner von Lockerbie kommen dabei ums Leben. Im September 1989 stürzt über dem Niger ein französisches Flugzeug ab. Grund dieses Unglücks, das 171 Menschenleben kostet, ist auch hier eine Bombenexplosion an Bord. In beiden Fällen gelten Libyer als Täter. Im April 1992 verhängt der UN-Sicherheitsrat ein Waffen- und Luftverkehrsembargo über Libyen. Das Land steckt in einer schweren Wirtschaftskrise. Erstmals kommt auch in den staatlich gelenkten Medien Unmut über die Politik Gaddhafis auf. Es kommt sogar zu zwei Militärrevolten, die aber niedergeschlagen werden können. Als der Weltsicherheitsrat 1993 noch schärfere Sanktionen beschließt, liefert Gaddhafi die zwei mutmaßlichen Attentäter von Lockerbie nach Holland aus. Die Sanktionen kosten den libyschen Staat allein in der ersten Hälfte des Jahres 1995 vier Milliarden Dollar. Zur Entlastung des Staates verfügt Gaddhafi die Ausweisung von 300 000 afrikanischen Gastarbeitern und mehreren tausend Palästinensern.

Anfang Mai 2000 beginnt der Prozess gegen die beiden Libyer Abdel Basset Ali am Magrahi und Lamen Khalifa Fhima, denen der Anschlag von Lockerbie zur Last gelegt wird. Auf Grund eines zwischen Großbritannien, den USA und Libyen ausgehandelten Kompromisses findet der Prozess im niederländischen Camp Zeist bei Utrecht statt. Die Verhandlungsführer sind schottische Lordrichter. Während die beiden Angeklagten die Tat vehement abstreiten, sind die USA und Großbritannien fest von der Schuld der Libyer überzeugt. Kritiker halten die Beweise allerdings nicht für ausreichend.

Ein neuer Traum: Ein einig Afrika

Nach dem Scheitern seines großen Ziels, der arabischen Einigung, betreibt Gaddhafi, der international geächtet ist, nun die Bildung der „Vereinigten Staaten von Afrika". Im September 1999 formuliert er auf einem Treffen der afrikanischen Staaten seinen Traum: „Wenn ich wenigstens schwarz sein könnte, ganz schwarz! Oder wenn wenigstens alle libyschen Frauen Afrikaner heiraten könnten!" Auch seine Vorstellungen einer gesamtafrikanischen Kriegsführung gegen den Westen („Cruise Missiles sind wehrlos gegen Malaria-Moskitos. Lasst uns Schrecken in ihren Herzen verbreiten!") tragen nicht dazu bei, die schon lange bestehenden Zweifel am Geisteszustand des libyschen Revolutionsführers zu zerstreuen.

Vom „Verteidiger des Glaubens" zum Gründer einer eigenen Kirche
Heinrich VIII.

Die Regentschaft Heinrichs VIII. war geprägt von der Egomanie und Maßlosigkeit seines Charakters und seinem starken Machtinstinkt. Persönliche Interessen und Staatsaktionen vermischte er bedenkenlos. So kam es zur Trennung von Rom und Begründung der Anglikanischen Kirche, weil der Papst dem Monarchen die Trennung von seiner ersten Frau verweigerte. Dennoch legte Heinrich in den fast 40 Jahren seiner Herrschaft die Grundlagen für das moderne, zentralistische englische Staatswesen.

Heinrich VIII.
Daten und Fakten

1491	* in Greenwich
1509	Heinrich kommt auf den Thron
1525	Unruhen in England
1532	Heinrich lässt sich zum Oberhaupt der englischen Kirche ernennen
1534	Begründung der anglikanischen Kirche
1547	† in London

Heinrich wird am 28. Juni 1491 in Greenwich geboren und folgt seinem Vater 1509 auf dem Thron nach. Unmittelbar nach seinem Regierungsantritt heiratet Heinrich Katharina von Aragonien, die Tochter des Königs von Spanien Ferdinand II. Dies ist die erste von insgesamt sechs Ehen, die Heinrich je nach den politischen und konfessionellen Gegebenheiten und je nach seinen zunehmend despotischen Neigungen eingeht. Zu Beginn seiner Regierungszeit ist Heinrich, dank seines guten Aussehens, seiner herzlichen Art und seiner militärischen Fähigkeiten, bei seinen Untertanen sehr beliebt. Er ist hochgebildet und versammelt zahlreiche Gelehrte und Künstler an seinem Hof.

1511 schließt sich Heinrich unter dem Einfluss seines Schwiegervaters der Heiligen Liga gegen Frankreich an und erringt 1513 einige Siege im Norden Frankreichs. Zugleich dringt Jakob IV. von Schottland als Verbündeter Frankreichs in England ein, wird aber 1513 entscheidend geschlagen. Als Heinrich auf dem Festland von seinen Anhängern im Stich gelassen wird, verbündet er sich mit

Bildnis Heinrich VIII.

Ludwig XII. von Frankreich. 1520 demonstrieren Ludwigs Nachfolger Franz I. und Heinrich bei einem prachtvoll inszenierten Treffen ihre Übereinstimmung. Zwei Jahre später 1522 nimmt Heinrich jedoch erneut den Krieg gegen Frankreich auf. Als es 1525 auf Grund überzogener Steuerforderungen Heinrichs zu Unruhen in England kommt, bricht Heinrich den Feldzug auf dem Festland ab.

Scheidung von Katharina? Der Papst sagt nein

1527 will der König sich von Katharina scheiden lassen, weil sie ihm bis dahin keinen männlichen Erben geboren hat. Vor allem aber will Heinrich sein Verhältnis zu der Hofdame Anne Boleyn legitimieren. In den politischen Konstellationen der Zeit kann er aber beim Papst keine Annullierung der Ehe durchsetzen.

Von da an löst Heinrich Schritt für Schritt die Bindungen zum Papsttum. Das Parlament verabschiedet bereitwillig Gesetze, mit deren Hilfe Heinrich zunächst die Kontrolle über den Klerus erlangt. 1532 lässt er sich vom Klerus als Oberhaupt der englischen Kirche anerkennen. Im folgenden Jahr heiratet Heinrich in aller Heimlichkeit Anne Boleyn. Der dem König ergebene Erzbischof von Canterbury erklärt die Ehe mit Katharina für nichtig und die Verbindung mit Anne für rechtmäßig; Anne wird zur Königin gekrönt. Ein Gesetz regelt die Thronfolge der Nachkommen Annes – ihre einzige Tochter ist die spätere Königin Elisabeth I.

Der König schäkert mit der Hofdame Anne Boleyn, für die er sich von seiner Frau Katharina scheiden lässt. 1536 wird Anne Boleyn unter dem Vorwand des Inzests hingerichtet.

Heinrich wird daraufhin vom Papst exkommuniziert. Der Monarch sagt sich 1533 offiziell von Rom los und begründet mit dem Act of Supremacy 1534 die anglikanische Staatskirche mit dem König als Oberhaupt. Zwischen 1538 und 1540 löst der König die englischen Klöster auf, zieht ihren Besitz ein und überlässt einen Großteil des Klostergutes dem Adel als Gegenleistung für dessen Unterstützung.

Heinrich verändert die Struktur der Kirche in England grundlegend. Diejenigen, die die anglikanische Kirche oder die Suprematie Heinrichs nicht anerkennen, werden hingerichtet; Protestanten und romtreue Katholiken werden verfolgt.

Der König, der sechs Ehefrauen hatte

1536 lässt Heinrich Anne Boleyn unter Anklage des Inzests und des Ehebruches hinrichten. Wenige Tage nach Annes Tod heiratet er Jane Seymour, die 1537 bei der Geburt Eduards, der

spätere König Eduard VI. und einzige legitime Sohn Heinrichs, stirbt. 1538 heiratet er aus politischen Gründen auf Anraten seines ersten Ministers Thomas Cromwell, Anna von Cleve. Da Anna unattraktiv ist und Heinrich schon bald keinen Vorteil mehr in der Verbindung sieht, lässt er sich nach einigen Monaten wieder scheiden. Cromwell muss seinen Rat mit dem Leben bezahlen. 1540 heiratet der König Catherine Howard, die er 1542 hinrichten lässt. Seine sechste (und letzte) Frau Catherine Parr, die er 1543 heiratet, überlebt ihn.

In den Jahren 1542 bis 1546 ist Heinrich in Kriege mit Schottland und mit Frankreich verwickelt. Er stirbt am 28. Januar 1547 in London. Seine despotische Regentschaft steht im Zeichen von Willkür, Machtmissbrauch und einem pathologischen Verhältnis zu Frauen. Die Bildung der anglikanischen Staatskirche und die absolutistische Zentralisierung des englischen Staats sind seine bis in die heutige Zeit wirkenden historischen Verdienste.

Völkermord und „totaler Krieg"
Adolf Hitler

Am 20. April 1889 wurde im österreichischen Braunau am Inn der Zöllnersohn Adolf Hitler geboren. Ohne Schulabschluss und Ausbildung übersiedelte er 1908 nach Wien, wo er in einem Obdachlosenasyl wohnte und sich als Postkartenmaler durchschlug. Der Einberufung zum Militärdienst entging er 1913 durch den Umzug nach München. Nach Ausbruch des Ersten Weltkriegs meldete er sich freiwillig beim Bayerischen Reservisten-Infanterie-Regiment 16, mit dem er als Meldegänger an der Westfront zum Einsatz kam. Wegen überdurchschnittlicher Tapferkeit erhielt er 1914 das Eiserne Kreuz II. Klasse, 1918 das Eiserne Kreuz I. Klasse. Nach Kriegsende kehrte er nach München zurück. Hier begann Adolf Hitler seine verhängnisvolle politische Laufbahn, die 60 Millionen Menschen – darunter allein sechs Millionen Juden – das Leben kostete und Europa in einen Trümmerhaufen verwandelte.

Adolf Hitler
Daten und Fakten

1889	* in Braunau
1919	Hitler tritt der DAP bei
1924	Hitler wird zu vier Jahren Festungshaft verurteilt
1938	„Reichskristallnacht" (08. November)
1939	Ausbruch des Zweiten Weltkrieges
1945	Kapitulation Deutschlands; Hitler und seine Ehefrau begehen Selbstmord

In München tritt Hitler 1919 der völkischen Deutsche Arbeiterpartei (DAP) bei. Schon ein Jahr später wird er zum Vorsitzenden der DAP gewählt. 1921 wird die DAP in Nationalsozialistische Deutsche Arbeiterpartei (NSDAP) umbenannt, als deren mit diktatorischen Vollmachten ausgestatteter „Führer" Hitler von nun an agiert. Seine nationalistischen Parolen, die Forderung nach Revanche für den verlorenen Ersten Weltkrieg und sein Hass gegen die demokratische Weimarer Republik machen ihn bald auch für Wähler aus konservativen Schichten interessant. So findet Hitler Einlass in die Kreise des Münchner Großbürgertums, wo der Kleinbürgersohn lernt, sich in der besseren Gesellschaft zu bewegen.

Für seine Auftritte als Redner nimmt Hitler Schauspielunterricht, viele seiner einstudierten Gesten hat er sich dabei vom faschistischen ita-

1933 spricht der „Führer" zu SA-Truppen.

Mit einstudierten Gesten begleitete Adolf Hitler seine Reden.

lienischen Diktator Mussolini abgeschaut. Mit einem „Kampfbund" aus NSDAP-Mitgliedern und führenden Männern aus Politik und Militär unternimmt am 9. November 1923 einen Putschversuch nach dem Vorbild von Mussolinis „Marsch auf Rom". Nach dem Scheitern des Putsches wird er verhaftet und am 1. April 1924 zu vier Jahren Festungshaft verurteilt.

Während seiner Inhaftierung schreibt er „Mein Kampf", in dem er sein von politischen Wahnvorstellungen geprägtes Weltbild darlegt. Sein geradezu krankhafter Hass gilt vor allem den Juden, aber auch Kommunisten und „demokratischen Volksverderbern", denen er alle Schuld an der desolaten Lage Deutschlands zuschiebt. Nach der Abgabe aller Parteiämter wird Hitler schon am 20. Dezember 1924 vorzeitig aus der Haft entlassen. Weil Österreich ihm die Einreise verweigert, gibt er 1925 die österreichische Staatsbürgerschaft auf.

Mit seiner am 27. Februar im Münchner Bürgerbräukeller neugegründeten NSDAP, die sich einem strikten Führerprinzip unterwirft, gelingt Hitler die Eingliederung verschiedener Gruppierungen der äußersten Rechten. Aus allen parteiinternen Flügelkämpfen geht er als Sieger hervor. Im Februar 1932 erhält Hitler mit der Ernennung zum Braunschweigischen Regierungsrat auch die deutsche Staatsbürgerschaft. Wegen ihres gewalttätigen Auftretens bei politischen Auseinandersetzungen werden SS und SA, die militärisch organisierten und uniformierten Kampforganisationen der NSDAP, am 13. April 1932 verboten, aber bereits im darauf folgenden Juni wieder zugelassen.

Seit April 1932 bereits stärkste Fraktion im Preußischen Landtag, erzielt die NSDAP bei den Reichstagswahlen vom 31. Juli 1932 37,9 Prozent der Stimmen. Angesichts der ausufernden Gewalt in der politischen Auseinandersetzung drängt Reichskanzler Kurt von Schleicher im Januar 1933 bei Reichspräsident Paul von Hindenburg vergeblich zur Auflösung des Parlaments und zum Verbot von KPD und NSDAP. Nach Konsultationen mit seinen ultrakonservativen Beratern und führenden Militärs, die glauben, Hitler unter ihre Kontrolle bringen zu können, ernennt Hindenburg am 30. März 1933 den von ihm bislang verachteten „böhmischen Gefreiten" zum Reichskanzler.

Reichstagsbrand und Notverordnung

Den Reichstagsbrand vom 27. Februar 1933 nutzt Hitler als Anlass für die "Notverordnung zum Schutze von Volk und Staat" und als Vorwand für die brutale Verfolgung seiner politischen Gegner. Tausende von Menschen werden verhaftet und in die neu errichteten Konzentrationslager eingeliefert. Nach einem von Joseph Goebbels propagandistisch betreuten und mit brutaler Einschüchterung der politischen Gegner betriebenen Wahlkampf kann die NSDAP bei den Reichstagswahlen vom 5. März 1933 44 Prozent der Stimmen auf sich vereinigen. Endgültig vollzogen ist die Machtergreifung am 24. März, als

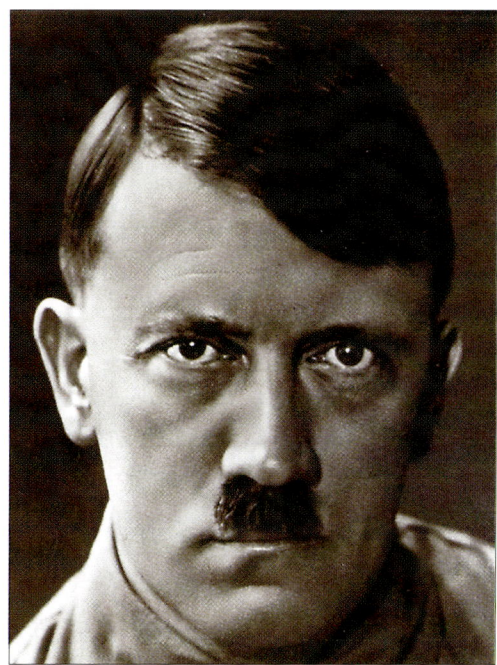

Er perfektionierte den Einsatz politischer Propaganda.

Da der Krieg ungeheure Verluste forderte, sollten ab 1944 alle Männer im Alter von 16 bis 60 Jahren zum „Volkssturm" eingezogen werden.

im Reichstag gegen die Stimmen der SPD – die KPD wurde bereits gewaltsam aufgelöst – das Ermächtigungsgesetz verabschiedet wird. Dieses „Gesetz zur Behebung der Not von Volk und Reich" setzt praktisch alle bürgerlichen Freiheitsrechte außer Kraft. Bis zum 11. Juli 1933 erfolgt die „Gleichschaltung"der Länder, die Auflösung aller Parteien, der Ausschluss der Juden aus dem Öffentlichen Dienst und die Vereinnahmung der Gewerkschaften in die Deutsche Arbeiterfront DAF.

In der Nacht vom 30. Juni auf den 1. Juli 1934 entledigt sich Hitler nach dem angeblichen „Röhm-Putsch" der innerparteilichen Konkurrenz der SA-Führung. Auch andere politische Gegner, darunter der frühere Reichskanzler Kurt von Schleicher und dessen Frau, fallen der von Hermann Göring organisierten Mordaktion zum Opfer. Nach dem Tod Hindenburgs am 2. August 1934 schwingt sich Hitler endgültig zum Diktator auf. Er firmiert nun offiziell als „Führer und Reichskanzler", ist Regierungschef, Staatsoberhaupt und „Oberster Befehlshaber" des Militärs.

Es beginnt ein ausufernder Personenkult um den „Führer": Der mit ausgestrecktem rechten Arm auszuführende „Hitler-Gruß" und das „Heil Hitler" werden offiziell statt der bürgerlichen Grußformeln. Das Volk wird mit Arbeitsbeschaffungsmaßnahmen und anderen, vor allem die Situation der unteren Schichten vorläufig verbessernden Maßnahmen zufrieden gestellt. Die Olympischen Spiele von 1936, unter der Leitung von Propagandaminister Goebbels, geraten zu

einer einzigen pompösen Demonstration nationalsozialistischer Macht- und Prachtentfaltung.

Gegner des NS-Regimes sehen sich allgegenwärtigem Terror, einem lückenlos funktionierenden Spitzelsystem und der ständigen Angst vor Gestapo und KZ ausgesetzt. Dies hält die meisten von jeglichen kritischen Äußerungen ab.

Höhepunkt des Rassenwahns: Die Nürnberger Gesetze

Am 5. September 1936 treten die „Nürnberger Gesetze" in Kraft, die Heiraten und alle Kontakte zwischen Juden und „Ariern" unter Strafe stellen. Sie sollen die Juden aller Rechte berauben und am Ende gar vollständig auslöschen.

Seit Juli 1936 schon gemeinsam auf Seite der Faschisten im Spanischen Bürgerkrieg engagiert, schliesst Hitler im Oktober desselben Jahres mit Mussolini die „Achse Berlin-Rom". Im Jahr 1937 erläutert Hitler den führenden Militärs erstmals seine Kriegspläne, die die Erweiterung des deutschen „Lebensraums" im Osten zum Ziel haben. Am 4. Februar 1938 übernimmt Hitler persönlich den Oberbefehl der Wehrmacht. Noch im selben Jahr vollzieht er den „Anschluss" seiner österreichischen Heimat an das Reich. Das Münchner Abkommen ermöglicht ihm die sofortige Annexion des Sudetenlandes, der von Deutschen besiedelten Randgebiete der Tschechoslowakei.

Nach diesen außenpolitischen Erfolgen nimmt der Terror gegen die Juden weiter zu, er gipfelt in den Pogromen der „Reichskristallnacht" vom 8. Auf den 9. November 1938, einer von der NS-Führung organisierten, angeblichen Manifestation des Volkszorns gegen die Juden.

Das Kriegsjahr 1939 beginnt im März mit der „Zerschlagung der Resttschechei" und der Angliederung des Memelgebietes.

Der Angriff auf Polen: Beginn des Zweiten Weltkriegs

Nach Abschluss eines Nichtangriffsplans mit der Sowjetunion befiehlt Hitler am 1. September 1939 den Angriff auf Polen. Schon am 3. September erklären Frankreich und England Deutschland den Krieg. Obwohl die Wehrmacht noch nicht vollständig für einen Krieg gerüstet ist, ist der polnische Widerstand schon nach zehn Tagen gebrochen. Am 22. September einigen sich die Diktatoren Hitler und Stalin auf eine Demarkationslinie in Polen, die beider Machtsphären trennt, am 27. marschieren deutsche Truppen in Warschau ein. In Polen setzt die NS-Führung eine einzigartige Tötungsmaschinerie in Gang, deren Ziel die Ausrottung der polnischen Intelligenz und der polnischen Juden ist. In Auschwitz und in anderen auf polnischen Gebiet errichteten Kon-

Hitler zeigt in militärisch strenger Haltung den so genannten „Hitler-Gruß", der die bürgerlichen Grußformeln ersetzen sollte.

Bei seinem Einzug ins Sudetenland bei Wildenau wird Hitler begeistert empfangen.

zentrationslagern werden bis Kriegsende Millionen von europäischen Juden ermordet.

Am 9. April 1940 beginnt der Norwegen-Feldzug, Dänemark wird fast kampflos eingenommen. Einen Monat später beginnt der Westfeldzug, bereits nach einigen Tagen kapitulieren die Niederlande und Belgien, am 22. Juni streckt auch Frankreich die Waffen. Der am 27. September 1940 geschlossene Dreimächtepakt mit Italien und Japan dient der Festigung der jeweiligen Kriegsziele. Am 31. März 1941 beginnt der Einsatz des deutschen Afrika-Korps gegen die Engländer in Nordafrika, am 6. April der Balkan-Feldzug. Noch im selben Monat kapitulieren Jugoslawien und Griechenland, am 1. Juni sind die Engländer auf Kreta besiegt. Am 22. Juni startet Hitler das „Unternehmen Barbarossa", den Angriff auf die Sowjetunion. Hinter der Front beginnen die Massenerschießungen zur Ausrottung der russischen Juden.

In Deutschland sind die Juden inzwischen zum sichtbaren Tragen des „Judensterns" verpflichtet. Sie sind vom öffentlichen Leben ausgeschlossen. Auf der „Wannsee-Konferenz" vom 20. Januar 1942 wird die „Endlösung der Judenfrage", also die völlige Vernichtung organisiert. Schon lange werden auch andere, von Hitler als „nicht lebenswert" verachtete Menschen syste-

matisch ermordet. Dazu zählen „Zigeuner", Homosexuelle sowie psychisch und geistig Kranke.

In völliger Verkennung der Tatsachen glaubt Hitler, der am 11. Dezember 1941 auch den USA den Krieg erklärt hat, felsenfest an den „Endsieg". Als die deutschen Offensiven in Rußland und Nordafrika 1942 ins Stocken geraten, machen sich bei Hitler erste Anzeichen körperlichen Verfalls bemerkbar. Dies wird vor der Öffentlichkeit streng geheim gehalten. Nach der Kapitulation der deutschen Truppen in Stalingrad am 2. Februar 1943 verordnet Goebbels der unter dem Flächenbombardement der Alliierten leidenden deutschen Bevölkerung den „totalen Krieg".

Das Ende naht

Um der immer aussichtsloseren Lage ein Ende zu machen, plant eine aus Adligen, Militärs und Kirchenmännern bestehende Widerstandsgruppe um Oberst Graf Stauffenberg die Ermordung Hitlers. Als das Attentat am 20. Juli 1944 fehlschlägt, beginnt eine groß angelegte Verhaftungswelle. Der von dem berüchtigten „Blutrichter" Roland Freisler geleitete Volksgerichtshof verhängt über 200 Todesurteile. Im Westen und Osten überschreiten unterdessen Briten, Amerikaner und Sowjets die Reichsgrenzen. In den deutschen Ostgebieten setzt eine Massenflucht nach Westen ein. Am 19. März 1945 gibt Hitler den „Nero-Befehl", der die systematische Zerstörung aller dem Feind nützlichen Versorgungs- und Industrieanlagen in Deutschland vorsieht. Nach der Vereinigung amerikanischer und sowjetischer Truppen in Torgau ist die Niederlage Deutschlands nur noch eine Frage der Zeit. So diktiert Hitler am 29. April im Bunker der Reichskanzlei sein Testament und bestimmt Großadmiral Dönitz zu seinem Nachfolger. Am 30. April begehen er und seine langjährige Geliebte Eva Braun, die er erst am Tag zuvor geheiratet hat, Selbstmord. Am 2. Mai kapituliert Berlin, am 9. Mai herrscht an allen Fronten Waffenruhe.

Wie von Hitler angeordnet, werden seine und Eva Brauns Leichen mit Benzin übergossen und angezündet. Wenige Tage später graben Rotarmisten die halbverbrannten Leichen neben dem „Führerbunker" aus. Auf persönlichen Befehl Stalins sollten die Gebeine Hitlers vollkommen vernichtet werden. Nach dem Bericht von Augenzeugen bleiben aber einige Knochen erhalten, die bis 1970 auf einem Grundstück des sowjetischen Geheimdienstes in Magdeburg vergraben sind. Ihr weiterer Verbleib ist unklar. Daher ist auch die Echtheit der im April 2000 in einer Moskauer Ausstellung gezeigten Teile des Schädels Hitlers, der einen deutlichen Einschuss aufwies, stark umstritten.

Vom Mauerbau zum Ende der DDR
Erich Honecker

Erich Honeckers Vorgänger Walter Ulbricht, der im Jahr 1950 zum Generalsekretär der Sozialistischen Einheitspartei Deutschland (SED) gewählt wurde, formte die aus der sowjetischen Besatzungszone hervorgegangene Deutsche Demokratische Republik zu einem sozialistischen Staat stalinistischer Prägung. Dazu gehörte die Enteignung von Privatbesitz („Junkerland in Bauernhand"), die Vergesellschaftung der Produktionsmittel, die systematische Unterdrückung der Opposition und die Installierung eines allumfassenden Überwachungssystems durch den 1950 gegründeten Staatssicherheitsdienst (Stasi). Diese Maßnahmen führten dazu, dass trotz der Abriegelung der deutsch-deutschen Grenze der Großteil der geistigen Elite die DDR verließ. Nach dem 1953 blutig niedergeschlagenen Arbeiteraufstand verstärkte sich die Abwanderung weiter. Gegen die „Ausblutung" der DDR, offiziell aber als „Antiimperialistischen Schutzwall" ließ die SED-Führung im Jahr 1961 die Berliner Mauer errichten. Damit wurden die Bewohner des sowjetischen Trabantenstaates zu Gefangenen im eigenen Land.

Erich Honecker
Daten und Fakten

1912	* in Wiebelskirchen
1935	Honecker wird zu zehn Jahren Zuchthaus verurteilt
1946	Mitglied des Zentralkomitees der SED
1971	Sturz Ulbrichts; Honecker übernimmt die Nachfolge
1989	Fall der Mauer
1992	Beginn des Prozesses gegen Honecker
1994	† in Santiago de Chile

Erich Honecker und Leonid Breschnew, die beiden „starken Männer" des Warschauer Paktes.

Der Mann, der die Vorbereitungen des Mauerbaus zu verantworten hat, heißt Erich Honecker. Er ist seit 1958 Mitglied des Politbüros. Der am 25. August 1912 in Wiebelskirchen im Saarland geborene gelernte Dachdecker tritt der KPD im Jahr 1929 bei. Nach einer zweijährigen Schulung ist er als hauptamtlicher Parteifunktionär tätig. Nach der Machtübernahme Hitlers im Januar 1933 geht Honecker in den kommunistischen Widerstand, wird 1935 verhaftet und zu einer zehnjährigen Haft im Zuchthaus Brandenburg verurteilt.

Mit Ende des Krieges wird er aus dem Gefängnis befreit und ist von 1946 bis 1955 Vorsitzender der SED-Jugendorganisation Freie Deutsche Jugend (FDJ). Zugleich gehört er seit 1946 dem Zentralkomitee (ZK) der SED an. 1956 übernimmt er die Leitung des Militär- und Sicherheitsreferats im ZK und wird zwei Jahre später Vollmitglied des Politbüros.

Im Jahr 1971 betreibt er erfolgreich den Sturz seines Förderers Walter Ulbricht. Am 3. Mai übernimmt Honecker die Nachfolge Ulbrichts als Erster Sekretär des ZK der SED und löst ihn im

Siegessicher präsentiert sich Honecker gemeinsam mit Michail Gorbatschow. Doch schon bald lässt der sowjetische Staatschef Honecker fallen.

Juni auch an der Spitze des Nationalen Verteidigungsrats ab. 1976 erreicht Honecker die beiden höchsten Ämter der DDR: Er wird Generalsekretär der SED sowie Vorsitzender des Staatsrats und somit auch offizielles Staatsoberhaupt.

Hoffnung auf mehr Freiheit

Als Zeichen einer gewissen Liberalisierung werden nach Honeckers Regierungsantritt einige bisher verbotene, vom westlichen „Klassenfeind" kreierte Dinge wie Popmusik und Jeans zugelassen.

Die X. Weltfestspiele der Jugend und Studenten, die 1973 in Ost-Berlin stattfinden, verstärken die Hoffnungen auf eine Öffnung des Systems. Jugendliche aus aller Welt verbreiten im abgeschotteten Ost-Berlin ein internationales Flair. Auch die DDR-Jugend genießt plötzlich bisher unbekannte Freiheiten. Niemand ahnt, dass hier eine wohlüberlegte Inszenierung stattfindet. Etwa 10 000 Vopos und 5000 Stasi-Spitzel mischen sich als Aufpasser unters Volk und unterbinden jeden näheren Kontakt zwischen Ost und West.

Tausende von Menschen, die nicht als linientreu gelten, werden wie Kriminelle in Haft genommen oder in psychiatrische Anstalten eingewiesen. Die Stasi observiert zehntausende von

Personen und lädt viele immer wieder zu „Gesprächen" vor. All das soll dazu dienen, die Bürger einzuschüchtern und gefügig zu machen. Die DDR entwickelt sich unter Honecker und Stasi-Chef Erich Mielke zum perfekten Überwachungsstaat und zur stalinistisch geprägten Diktatur.

Außenpolitisch von der Sowjetunion an der kurzen Kette gehalten, pocht Honecker auf strikte Abgrenzung zur Bundesrepublik. Zum 25. Gründungstag der DDR lässt er aus der Verfassung den Passus der „ganzen deutschen Nation" streichen, die DDR-Hymne „Deutschland einig Vaterland" darf nur noch in der Instrumentalversion gespielt, der Text nicht mehr gesungen werden. Während die Bundesrepublik vor allem wegen ihrer wirtschaftlichen Potenz international anerkannt ist, wird die DDR vor allem als ein Satellit Moskaus wahrgenommen.

Um die diplomatische Anerkennung des eigenen Staates voranzutreiben, nimmt Honecker Gespräche mit der sozial-liberalen Koalition in Bonn auf. Ergebnis ist der 1973 in Kraft getretene Grundlagenvertrag. Im Dezember 1981 empfängt Honecker Helmut Schmidt am Werbellinsee. Dieser Ort ist sorgsam gewählt, da er sehr abgeschieden liegt. So kann man verhindern, dass DDR-Bürger dem bundesdeutschen Kanz-

Porträts wie dieses zierten die Amtsstuben der DDR über Jahre hinweg.

Gartenschläger an die deutsch-deutsche Grenze locken und von einem Stasi-Kommando aus dem Hinterhalt erschießen.

Bis zum Untergang der DDR werden fast tausend Menschen beim Versuch, die mit Stacheldraht und Minenfeldern gesicherte Grenze zu überwinden, erschossen. Im Land steigt die Zahl der „Ausreisewilligen", obwohl dieser Wunsch schwerste Repressalien nach sich zieht. Viele werden zu hohen Gefängnisstrafen verurteilt. Zahlreiche politische Gefangene lässt die DDR dann von der Bundesrepublik freikaufen.

Nach der KSZE-Konferenz bilden sich in der DDR oppositionelle „Helsinki-Gruppen", die für mehr Bürgerrechte eintreten. Honecker und Mielke reagieren mit einem Ausbau des Überwachungsnetzes. Die Zahl der Stasi-Mitarbeiter verdoppelt sich bis zum Jahr 1989 auf fast 91 000. Mindestens 180 000 angeworbene oder zur Mitarbeit erpresste „Inoffizielle Mitarbeiter" (IM) sind als Spitzel im Einsatz. Wohnungseinbrüche und -durchsuchungen durch die Stasi sind an der Tagesordnung, überall werden Abhöranlagen installiert und Telefongespräche aufgezeichnet. Regimekritiker werden zu Tausenden verhaftet und nicht selten zu hohen Gefängnisstrafen verurteilt.

Ebenso gefürchtet: Margot Honecker

Die Volksbildungsministerin Margot Honecker steht ihrem Mann an Berechnung und Grausamkeit nicht nach. So ist sie für die Zwangsadoption von Kindern regimekritischer Eltern durch linientreue Ehepaare verantwortlich. Auch führt sie für Schüler der neunten und zehnten Klassen den Wehrunterricht ein, in dem die Jugendlichen unter anderem den Gebrauch von Schusswaffen erlernen müssen. Kreatives Potential oder gar Fähigkeit zur Kritik werden bei den Schülern nicht gern gesehen, erwünscht sind Anpassung und konformes Verhalten. Dieses repressive Klima herrscht nicht nur an den Schulen, sondern in der ganzen Gesellschaft.

Als die DDR-Führung dem politisch unbequemen Sänger Wolf Biermann 1976 nach einem Konzert in Köln die Wiedereinreise verweigert, kommt es zum endgültigen Bruch zwischen den Intellektuellen und der SED. Zur gleichen Zeit zeichnet sich bereits deutlich ab, dass die DDR auf eine wirtschaftliche Katastrophe zusteuert. Die „volkseigenen Betriebe" (VEB) sind völlig unproduktiv. 1972 hat Honecker die letzten verbliebenen kleinen privaten Handwerksbetriebe verstaatlichen lassen. Den seit Mitte der 70er Jahre drohenden Staatsbankrott verhindern vor allem die Milliarden, die die Bundesrepublik für

ler zujubeln, wie sie es zum Entsetzen der SED-Führung schon 1970 bei dem Besuch Willy Brandts in Erfurt getan haben.

Im September 1984 kommt es endlich zu dem von Honecker schon lange ersehnten Gegenbesuch in Bonn, wo er mit allen staatsmännischen Ehren empfangen wird. Internationales Prestige erreicht Honecker im Jahr 1975 in Helsinki mit der Unterzeichnung der KSZE-Schlussakte. Damit erkennt die DDR international verbindliches Völkerrecht und die Menschenrechte an.

Mörderische Grenzsicherung

Als Folge davon lässt Honecker die Selbstschussanlagen, die 1971 auf seine Anordnung an der innerdeutschen Grenze installiert wurden, allmählich abbauen. Die tatsächliche Existenz dieser Tötungsmaschinen hat die DDR allerdings stets geleugnet. Als Michael Gartenschläger, den die Bundesrepublik 1976 aus der politischen Haft in der DDR freigekauft hatte, ein solches Gerät abbaut und der westlichen Öffentlichkeit vorführt, übt Honecker grausame Rache: Er lässt

Zwangsumtausch, Transitpauschale und den Freikauf von Häftlingen aufbringt. Devisen bringt auch der von Alexander Schalck-Golodkowski im großen Stil organisierte Kunstraub in Museen und Bibliotheken, dessen Beute die DDR in den Westen verkauft.

Indessen ist der wirtschaftliche Niedergang der DDR unter dem Regime Honecker am Verfall der Städte und der Industrieanlagen für Jedermann sichtbar. Auch das Gesundheitswesen ist in einem maroden Zustand. Die Zahl der Ausreiseanträge steigt von Jahr zu Jahr, allein 1987 sind es über 100 000. Trotz allem inszeniert man den 40. Jahrestag der DDR-Gründung am 7. Oktober 1989 noch mit einem pompösen Festakt. Eingeladen ist auch der sowjetische Präsident Michail Gorbatschow, dessen Reformpolitik Honecker strikt ablehnt. Dies kommentiert Gorbatschow, dem die Bevölkerung „Gorbi, hilf uns!"-Plakate entgegenhält, mit der Bemerkung „Wer zu spät kommt, den bestraft das Leben." Am 27. Juni 1989 hatte man die österreichisch-ungarische Grenze geöffnet. In Scharen fliehen DDR-Bürger durch dieses Tor in den Westen. Das SED-Regime ist am Ende. Am 18. Oktober zwingt das SED-Politbüro Erich Honecker zum Rücktritt, am 9. November fällt die Berliner Mauer. Am 3. Oktober 1990 findet die deutsche Wiedervereinigung statt.

Anlässlich des VIII. Parteitags der SED gibt Honecker am 15. Juni 1971 den Bericht des Zentralkomitees ab.

Der Prozess gegen Erich Honecker

Vor der Verhaftung zunächst durch eine Tumoroperation bewahrt, findet Honecker anschließend in einem Heim der Evangelischen Kirche und dann im sowjetischen Militärhospital in Beelitz Aufnahme. Im Zusammenhang mit den Todesschüssen an der Berliner Mauer und an der innerdeutschen Grenze ergeht am 30. November 1990 gegen Honecker und andere Mitglieder der DDR-Führung Haftbefehl wegen des Verdachts des gemeinschaftlichen Totschlags. Am 13. März 1991 flieht Honecker mit seiner Frau in die Sowjetunion. Dort erhält er am 16. November jedoch einen Ausweisungsbescheid und bittet in der chilenischen Botschaft in Moskau um Asyl. Am 29. Juli 1992 wird Honecker in Berlin den deutschen Behörden übergeben und in das Haftkrankenhaus Moabit eingeliefert. Der Prozess gegen Honecker und seine Mitangeklagten beginnt am 12. November 1992. Im Zuge des von ihm als Farce bezeichneten Verfahrens übernimmt Honecker nur die „politische Verantwortung" für die Toten an der Grenze. Auf Grund seiner tödlichen Erkrankung wird er am 31. Januar 1993 aus dem Haftkrankenhaus entlassen und fliegt noch am selben Tag zu seiner Tochter nach Santiago de Chile, wo sich schon seine Frau befindet. Dort stirbt er am 29. Mai 1994 an Nierenkrebs.

Golfkrieg und Giftgas gegen Kurden
Saddam Hussein

Der im Jahr 1937 als Kind einer irakischen Kleinbauernfamilie in einem Dorf nördlich von Bagdad geborene Hussain Saddam al-Takriti, der sich später Saddam („der Standhafte") Hussein nannte, hat mit den Mitteln des Terrors jahrzehntelang eine bedeutende Rolle in der Politik seiner Heimat gespielt. In der arabischen Welt verfügt der Diktator bis heute über eine bedeutende Anhängerschaft.

Saddam Hussein
Daten und Fakten

1937	* bei Bagdad
1962	Jurastudium in Kairo
1976	Hussein wird zum General ernannt
1980	Beginn des Krieges gegen den Iran
1990	Ausbruch des Golfkrieges
1991	Hussein gibt sein Amt auf

Saddam Hussein, der angeblich einer außerehelichen Beziehung seiner Mutter Subha Tulfah entstammt, wächst im Haus seines Onkels Khairallah Tulfah auf. Die Familie soll sich nicht nur durch Handelsgeschäfte, sondern auch durch Straßenraub und Betrügereien ernährt haben.

Morde in der eigenen Familie

Nach der gemeinsamen Übersiedlung nach Bagdad soll Saddam Hussein als 19-Jähriger einen rivalisierenden Banditen erschossen haben. Nach seiner Machtübernahme besetzt er Schlüsselpositionen zunächst viele Jahre lang bevorzugt mit Familienangehörigen. Doch seine Loyalität ist begrenzt: Nachdem seine Frau Sajida, eine Tochter seines Onkels, ihn verlässt und zu ihrem Bruder Adnan flüchtet, kommt dieser wenig später bei einem nie geklärten Hubschrauberabsturz ums Leben. Die Ehemänner zweier Töchter, die mit ihren Familien nach Jordanien geflohen sind, werden nach ihrer Rückkehr in den Irak ebenso ermordet wie zwei Enkelsöhne ihrer Familie.

Bereits als Junge sympathisiert Saddam Hussein mit der damals noch illegalen national-revolutionären Baath-Partei. 1959 gehört er zu einem Kommando, das den damaligen irakischen Diktator General Kassem ermorden soll. Saddam Hussein wird bei dem misslungenen Attentat leicht verletzt und flieht nach Syrien. 1962 beginnt er in Kairo ein Studium der Rechtswissenschaften, das er 1969 in Bagdad abschließt. In Ägypten steigt er in die Führung des Baath-Büros auf.

Nach dem zweiten erfolgreichen Staatsstreich gegen Kassem kehrt Saddam Hussein in den Irak zurück, wird aber kurze Zeit später wegen eines Komplotts gegen Marschall Aref inhaftiert. Dieser vertreibt die Baath-Partei wieder aus ihren Regierungsämtern.

Am Umsturz des Jahres 1968, der die Baath-Partei an die Macht bringt, ist Saddam Hussein maßgeblich beteiligt. Im Anschluss daran baut er die Nationale Front des Irak auf. 1973 lässt er sich in den Rang eines Generalleutnants erheben und 1976 zum General ernennen – obwohl er keine militärische Ausbildung hat. 1979 wird Marschall al Bakr, der bisherige Staats- und Regierungschef, krank und Saddam Hussein übernimmt dessen Ämter sowie den Vorsitz der Baath-Partei und die Oberbefehlshaberschaft über die Armee. Einen Putschversuch nimmt er bald zum

Um seine Macht zu sichern, ließ Saddam Hussein sogar Familienmitglieder eiskalt ermorden.

Der Diktator als Staatsmann. Anlässlich des panarabischen Gipfels begrüßt König Hussein von Jordanien Saddam in Amman.

Anlass für eine blutige Säuberungsaktion. Viele politische Gegner werden hingerichtet und der Staat zum Überwachungsstaat ausgebaut.

Der erste Krieg am Golf

1980 eröffnet er den Krieg gegen den Iran, der 1988 mit einem Waffenstillstand endet. Trotz massivster internationaler Kritik und obwohl seine rücksichtslosen Giftgaseinsätze sich teilweise auch gegen die Kurden im eigenen Land richten, genießt Saddam Hussein in weiten Teilen der arabischen Welt die Zustimmung der Bevölkerung. 1990 wird ein illegaler Export von elektronischen Bauteilen zur Herstellung von nuklearen Sprengköpfen in den Irak von britischen und amerikanischen Zollbeamten knapp vereitelt.

Am 2. August 1990 marschieren irakische Truppen in Kuwait ein und erklärten die Annexion des Landes. Da Irak auf Resolutionen und ein Ultimatum des Uno-Sicherheitsrates, die Saddam Hussein zum bedingungslosen Abzug aus Kuwait auffordern, nicht reagiert, beginnen die Alliierten am 17. Januar 1991 den Krieg gegen den Irak. Im Verlauf der kriegerischen Gefechte setzen irakische Truppen u. a. kuwaitische Ölquellen in Brand und lassen Öl in den Persischen Golf fließen, das sich zu einem Ölteppich von 3000 Quadratkilometern ausbreitet. Am 6. April des Jahres akzeptiert der Irak die Waffenstillstandsbedingungen des UNO-Sicherheitsrates.

Innenpolitisch hat der Golfkrieg wenig Konsequenzen: Saddam Hussein behält einen Groß-

teil seines Machtapparates und ist auch bei der Niederschlagung der Aufstandsbewegungen der Schiiten im Süden und der Kurden im Norden des Landes erfolgreich.

1991 gibt er das Amt des Regierungschefs an Mohamed Hamza al Zubaidi ab, bleibt aber politisch bestimmend. Die UNO-Auflagen zur Überprüfung und Vernichtung des irakischen Arsenals an biologischen und chemischen Waffen versucht er in den folgenden Jahren genauso zu unterwandern wie humanitäre Bemühungen.

Wie der Vater so der Sohn ...

Saddams Sohn Udai kommt ganz dem Vater nach. Auch er ist wegen seiner Skrupellosigkeit und Grausamkeit gefürchtet. Durch den Schmuggel mit Erdöl, Alkohol und Zigaretten hat er sich in dem unter den UN-Sanktionen leidenden Land ein riesiges Vermögen angehäuft. Es kursieren sogar Gerüchte, dass Udai am internationalen Drogenhandel beteiligt ist.

Ebenso wie sein Vater schreckt er nicht davor zurück, ihm unliebsame Personen ermorden zu lassen. Für die Morde an seinen beiden Schwagern soll er ebenso verantwortlich sein wie für die Ermordung eines Dieners seines Vaters. Dieser hatte Saddam Treffen mit jungen Damen vermittelt, der Betrug an seiner Mutter hatte Udai missfallen.

Ende 1996 misslingt ein Attentat auf Udai, er trägt jedoch schwere Verletzungen davon, deren Folgen ihn noch heute schwer behindern.

Herrscher mit eiserner Faust
Iwan der Schreckliche

Iwan IV. (1530-1584), dem absoluten Herrscher über das Russische Reich, war sein Wille gleichbedeutend mit dem Willen Gottes. Wer sich ihm widersetzte, war zugleich ein Gotteslästerer, der bestraft werden musste. So kam er zu seinem russischen Beinamen „Groznyj", zu Deutsch „der Gestrenge" oder „der Strafende". Diese von Byzanz übernommene Vorstellung des Zaren als Vollstrecker des göttlichen Willens setzte aber voraus, dass der Herrscher selbst gottergeben und fromm ist. Iwan IV. erwies sich hingegen schon in jungen Jahren als „der Schreckliche", ganz so, wie er in die europäische Geschichtsbücher einging.

Iwan der Schreckliche
Daten und Fakten

1530	*
1533	Iwan kommt auf den Thron
1547	Iwan lässt sich zum „Zaren von ganz Russland" krönen
1570	Iwan begleitet persönlich Strafexpedition nach Nowgorod
1581	Iwan tötet im Affekt seinen Sohn
1584	†

Iwan mit den Insignien des Zaren. Seine Regentschaft ging als wahre Schreckensherrschaft in die Geschichtsbücher ein.

Als der Beherrscher Russlands, Großfürst Wassilij, im Jahr 1533 stirbt, ist sein Sohn und Nachfolger Iwan IV. erst drei Jahre alt. Seine Mutter Jelena Glinskaja führt die Regentschaft bis zu ihrem plötzlichen Tod im Jahr 1538. Über den Kopf des jungen Großfürsten hinweg streiten verschiedene Bojarenfamilien um die Macht, die schließlich das Fürstenhaus Schujskij erringt. In seinem Selbstverständnis als Herrscher tief gedemütigt, gibt Iwan IV. den Befehl, Fürst Andrej Schujskij zu verhaften und lässt ihn, in Tierhäute eingenäht, von Hunden zerfleischen.

Sein Hass gegen die adligen Bojaren macht sich in ersten grausamen Strafaktionen gegen angebliche Verräter Luft. Als erster

russischer Großfürst lässt sich der 16jährige Iwan IV. im Januar 1547 zum „Zaren und Selbstherrscher von ganz Russland" krönen. Kurz darauf erwählt er aus über tausend aus dem ganzen Land nach Moskau befohlenen adligen Heiratskandidatinnen Anastasia Romanowna zu seiner Gemahlin. Sie ist die einzige Person, der es je gelingt, den immer wieder von Anfällen rasenden Jähzorns heimgesuchten Zaren zu mäßigen.

Während seiner ersten Ehe erlässt Iwan IV. ein neues „Gesetzbuch des Zaren", ein Buch über das Kirchenrecht sowie eine „Hausordnung" zur Regelung des Ehe- und Familienlebens seiner Untertanen. Zudem führt er Reformen im Gerichtswesen und der Lokalverwaltung ein. Durch die Eroberung des tatarischen Khanats Kasan und Astrachans an der Mündung der Wolga verschiebt er die Grenzen Russlands weit nach Osten. All diese Erfolge helfen dem Zaren nicht, den Tod Anastasias im Jahr 1569 zu verwinden. Seine Verbitterung und sein grenzenloser Hass steigern sich Tag für Tag.

Iwan der Wahnsinnige?

Zwei seiner engsten Vertrauten beschuldigt er, den Tod Anastasias durch Zauberei herbeigeführt zu haben. Beide werden zunächst verbannt und dann ermordet. Niemand ist mehr sicher, Fürsten und Bojaren werden mitsamt ihren Familien willkürlich verhaftet, enteignet und grausam getötet. Wer an den Zechgelagen des Zaren nicht teilnehmen will, riskiert sein Leben. Im Jahr 1563 sterben drei Iwan sehr nahe stehende Personen: Wassilij, sein Sohn aus zweiter Ehe, sein schwachsinniger Bruder Jurij und sein Vertrauter, der Metropolit Makarij. Die Folge der zunehmende Vereinsamung und des immer stärker werdenden Verfolgungswahns ist eine neue Welle des Terrors gegen „Verräter" und ihre Angehörigen.

Ein Jahr später flieht Iwans bester Freund, Fürst Andrej Kurbskij, nach Polen, mit dem sich der Zar im Krieg befindet. Für den Herrscher ist die Tat seines ehemaligen Vertrauten ein Schock. Er betrachtet den Abfall Kurbskijs von seiner Person auch als einen Abfall von Gott.

Im Dezember 1564 verabschiedet er sich von seinem Hofstaat, besteigt einen Schlitten und bleibt einen Monat lang unauffindbar. Im Januar 1565 erhält der Metropolit ein Schreiben des Zaren, in dem er sich heftig über die Treulosigkeit und Bösartigkeit der Bojaren beklagt. Trotz des Terrors, dem sie beständig ausgesetzt sind,

*Der Zar im prächtigen Ornat des Herrschers.
Sein Blick verheißt dem Betrachter nichts Gutes.*

erflehen die durch das Verschwinden ihres gottgleichen Selbstherrschers in Panik geratenen Bojaren Iwans Rückkehr. Als er Anfang Februar nach Moskau zurückkehrt, verhängt er sofort ein blutiges Strafgericht über adlige „Verräter".

Machtinstrument Opritschnina

Sodann formt er aus enteignetem Adelsbesitz die Opritschnina, einen Staat im Staate, der sein persönliches Eigentum ist. Ausführendes Organ des Herrscherwillens ist eine Truppe von sechstausend Opritschniki. Sie schulden dem Zaren absoluten Gehorsam. Als Gegenleistung genießen sie bei allen Grausamkeiten, die sie bei Enteignungen und „Säuberungen" unter den angeblichen Bojarenverschwörern begehen, völlige Straffreiheit. Der Einzige, der Kritik wagt, ist der neue Metropolit Philipp. Um die Ausschweifungen des Zaren anzuprangern, verweigert er Iwan in aller Öffentlichkeit den Segen. Kurz darauf verschleppen ihn Opritschniki in ein abgelegenes Kloster und erdrosseln ihn.

Zu Beginn des Jahres 1570 bricht der Zar persönlich zu seiner bisher blutigsten Strafexpedition auf. Spitzel haben ihm hinterbracht, dass die reiche Handelsstadt Nowgorod die Abspaltung von Russland und den Anschluss an Polen-Litauen plane. Die Opritschniki wüten auf Geheiß Iwans fünf Wochen in Nowgorod und richten ein grauenhaftes Blutbad an. Jeden Tag werden an die tausend Männer, Frauen und Kinder auf schrecklichste Weise zu Tode gefoltert. Iwan selbst sieht zu, wie den Menschen die Haut versengt wird und ihnen Arme und Beine ausgerenkt werden. Wer die Torturen überlebt, wird an einen Schlitten gebunden, an den Fluß Wolchow geschleift und in das eisige Wasser geworfen. Wer ans rettende Ufer schwimmen will, wird von den Opritschniki totgeschlagen.

Zurück in Moskau, wittert Iwan nun auch unter seinen Opritschniki Verrat und lässt zweihundert von ihnen foltern und hinrichten. In Russland herrschen unterdessen katastrophale Zustände. Schuld daran sind die Misswirtschaft der Opritschnina und der ungeheure Verlust an Menschenleben durch den allgegenwärtigen Terror. Dazu kommt eine Pestepidemie. Russland ist im wahrsten Sinne des Wortes ausgeblutet, als im Frühjahr 1571 von Süden her ein 120 000 Mann starkes Tatarenheer auf Moskau marschiert. Iwan flieht aus seiner Hauptstadt, die am 24. Mai von den Tataren vollständig niedergebrannt wird. 100 000 Menschen werden in die Sklaverei verschleppt. Als die Tataren im folgenden Sommer erneut auf Moskau vorrücken, bringt ihnen Fürst Worotynskij mit regulären Truppen eine vernichtende Niederlage bei. Iwan muss nun einsehen,

dass seine Opritschniki als kämpfende Truppe in einem Krieg nicht taugen. Ihr Geschäft ist das Morden von Zivilisten und die gnadenlose Ausbeutung der Opritschnina-Gebiete. Iwan löst daraufhin die Opritschnina auf und macht die Enteignungen rückgängig.

Der Mord am eigenen Sohn

Am 19. November 1581 begeht Iwan eine Tat, die selbst ihm zu schaffen macht. An diesem Tag kommt es zu einer Auseinandersetzung zwischen dem Zaren und seinem ältesten Sohn, dem Thronfolger Iwan. Über den Anlass des Streits gibt es nur Vermutungen. Irgendeine nichtige Äußerung seines Sohns versetzt den Zaren in so rasenden Zorn, dass er mit einem eisenbeschlagenen Stock auf ihn einprügelt. Der Thronfolger erliegt fünf Tage später seinen schweren Kopfverletzungen. Nächtelang irrt der von Reue geplagte Zar wie ein Wahnsinniger schreiend durch die Säle des Kreml. Er schläft und isst nicht mehr. Von dem Vorhaben, sich zur Buße in ein abgeschiedenes Kloster zurückzuziehen, ist er nur mit Mühe abzubringen.

Im Januar 1584 prophezeit ein Astrologe dem schon länger kränkelnden Zaren, dass er am 18. März desselben Jahres sterben werde. Anfang März geht es ihm besser, er ist wieder so weit bei Kräften, dass er noch versucht, seine Schwiegertochter zu vergewaltigen. Am 18. März jedoch sinkt er beim Schachspielen plötzlich in sich zusammen. Iwan der Schreckliche ist tot.

Die „Zeit der Wirren"

Nachfolger Iwans IV. wird sein regierungsunfähiger zweiter Sohn Fjodor, der 1598 ohne Erben stirbt. Fjodors letzter noch lebender Bruder Dmitrij war bereits 1591 einem Attentat zum Opfer gefallen. Es beginnt die von Anarchie, Hungersnöten und Bürgerkrieg geprägte „Zeit der Wirren" („Smuta"). Zar Boris Godunow bemüht sich vergeblich um einen Ausgleich zwischen den rivalisierenden Adelsparteien. Zugleich tauchen drei „falsche Dmitrijs" auf.

Jeder von ihnen behauptet, der jüngste Sohn Iwans des Schrecklichen zu sein. In Wahrheit habe dieser nämlich den Mordanschlag überlebt. Einer von ihnen besteigt nach Boris Godunows Tod im Jahr 1605 mit Hilfe polnischer Truppen den Zarenthron, wird aber schon 1606 bei einem Aufstand ermordet. Im Jahr 1612 befreit ein Volksheer Moskau von den polnischen Besatzern. Zu Beginn des Jahres 1613 wählen die wichtigsten Würdenträger des Landes in Moskau den 16jährigen Michail Romanow zum neuen Zaren. Er ist der Begründer der Dynastie, die Rußland bis 1917 beherrscht.

Auf einem zeitgenössischen Holzstich ist Iwan als Staatsmann mit einer Schriftrolle dargestellt.

Terror im Namen Allahs
Ruhollah Mussawi Khomeini

Resa Khan, der erste Schah aus dem Hause Pahlawi, der im Jahr 1925 durch einen Militärputsch an die Macht kam, machte sich die Geistlichkeit durch seine „unislamische" Politik zum Feind. Die Mullahs störten sich besonders an der Orientierung am Westen. Auch Resa Khans Sohn Schah Mohammed Resa, der seit 1941 regierte, beschnitt die Privilegien der einst allmächtigen Mullahs. Im Zuge seiner „Weißen Revolution", die eine Modernisierung und Industrialisierung des Iran zum Ziel hatte, kam es zur Entmachtung der Großgrundbesitzer, zu denen auch die Ayatollahs gehörten. Dabei verlor auch der im Jahr 1900 geborene schiitische Geistliche Ruhollah Mussawi Hendi, der sich nach seinem Geburtsort Khomeini nannte, seine Pfründe. Damit wurde er zu einem unversöhnlichen Gegner des Schahs und jeglicher Politik einer Annäherung an den Westen.

Ayatollah Khomeini
Daten und Fakten

1900	* in Khomeini
1963	Khomeini wird verhaftet und in die Türkei abgeschoben
1978	Khomeini muss erneut ins Exil gehen
1979	Khomeini kommt an die Macht und ruft die „Islamische Republik" aus
1980	Beginn des Krieges mit dem Irak
1989	† in Teheran

Seine Agitation gegen den Schah, den er der systematischen Zerstörung der islamischen Kultur beschuldigt, ist Anlass für Khomeinis Verhaftung im Jahr 1963. Ein Jahr später wird er in die Türkei abgeschoben. Zwei Jahre später lässt er sich im irakischen Wallfahrtsort Nadschaf nieder, der Begräbnisstätte des Schia-Gründers Ali. Dort gelingt es ihm, verschiedene schah-feindliche Gruppierungen in einer gemeinsamen Opposition zu vereinen.

Im Iran steigt die Zahl der Anhänger Khomeinis, da 180 000 Mullahs seine Botschaft verbreiten. 1978 kommt es zu heftigen Protestaktionen gegen den Schah, der mit immer größeren Repressalien reagiert. Er erreicht, dass der Irak Khomeini am 6. Oktober 1978 ausweist. Dieser lässt sich zunächst in der Nähe von Paris nieder.

Im Iran herrschen inzwischen bürgerkriegsähnliche Zustände. Am 16. Januar 1979 verlässt der schwerkranke Schah mit seiner Familie das Land und begibt sich zur Krebsbehandlung in die USA. Am 1. Februar feiert Khomeini in Teheran seine triumphale Rückkehr. Er übernimmt die Macht und beginnt seine Abrechnung mit dem Schah-Regime.

Tausende von Angehörigen der Verwaltung, der Industrie und des Militär werden vor Schnellgerichte geschleppt und sofort erschossen oder öffentlich aufgehängt. Nach einer erfolgreichen Volksabstimmung über die künftige Staatsform ruft Khomeini am 2. April 1979 die „Islamische Republik Iran" aus. Im Dezember tritt eine neue Verfassung in Kraft, die die Alleinherrschaft der schiitischen Geistlichkeit festschreibt. Geltendes Recht ist fortan die Scharia. Was dies bedeutet, erfahren die Menschen buchstäblich am eigenen Leib.

Feldzug gegen westliche Sitten

Ausführendes Organ des Staates sind die so genannten „Revolutionswächter", junge Fanatiker aus der Unterschicht, die von einem unbändigen Hass auf alles Westliche getrieben sind. Sie wachen mit brutaler Gewalt über die Einhaltung der strengen islamischen Sitten. Die kleinsten Verstöße führen zu Auspeitschungen, Steinigungen oder Folter bis zum Tod. Fast alles, was bisher Bestandteil des Lebens zumindest der städtischen Bevölkerung war, steht nun unter Strafe. Strengstens verboten sind Alkohol und Kosmetika sowie westliche Kleidung. Frauen müssen sich in den schwarzen Tschador hüllen, der den Körper, die Hälfte des Gesichts und die als besonders sündig geltenden Haare bedeckt. Verrutscht einer Frau der Tschador, so dass der Haaransatz zum Vorschein kommt, sind sogleich Revolutionswächter mit Knüppeln und Peitschen zur Stelle. Manchen Frauen heften sie den Tschador mit Reißnägeln in die Stirn. Männern ist es untersagt, Krawatten zu tragen, die Hemden müssen von dunkler Farbe und auch im Sommer

Bei seiner Rückkehr aus dem Exil am 1. Februar 1979 bereiten die Menschen dem Ayatollah einen begeisterten Empfang.

langärmlig sein. Auch ist es ratsam, sich einen Vollbart wachsen zu lassen. Nach einem Verdikt Khomeinis ist Musik „Verrat am Volk". Sie ist ebenso verboten wie Kino, Theater oder westliches Fernsehen. Eine strikte Trennung der Geschlechter lässt so gut wie keine Kontakte zwischen nicht verwandten Männern und Frauen zu.

Das schon zu Zeiten des Schahs berüchtigte Folter-Gefängnis Evin in Teheran ist bald überfüllt. Der oberste Revolutionsrichter Ayatollah Khalkali will alle, die er zu Untermenschen, Zionisten, „Mikroben der Gesellschaft" und „teuflischen Elementen" erklärt, gnadenlos ausrotten. Auch völlig unbescholtene Bürger leben mit der tödlichen Gefahr, willkürlich der Prostitution, des Drogenhandels oder Alkoholschmuggels angeklagt zu werden. Stets von der Furcht geplagt, seine am Fließband verhängten Todesurteile seien eine zu milde Strafe, lässt Khalkali seinen Opfern vor der Hinrichtung noch 200 Peitschenhiebe erteilen. Zehntausende schickt er auf diese Weise in den Tod.

Khomeinis Regime verbreitet nicht nur unter den eigenen Landsleuten Angst und Schrecken. Mit seiner Billigung stürmen im November 1979 fanatische Jugendliche die US-Botschaft in Teheran. Sie nehmen fast 200 amerikanische Diplomaten als Geiseln und verlangen die Auslieferung des Schahs. Auch der Tod des Schahs am 27. Juli 1980 und die Boykottmaßnahmen der westlichen Welt ändern Khomeinis Unnachgiebigkeit nicht. Erst am 22. Januar 1981 kommen die Geiseln frei.

Im Jahr 1980 entbrennt mit dem Nachbarland Irak ein Krieg um die Ölvorkommen im ge-meinsamen Grenzgebiet. Khomeini schickt neben regulären Truppen ganze Armeen von Kindersoldaten ins feindliche Feuer und in die irakischen Minenfelder. Er hat ihnen versprochen, dass sie augenblicklich ins Paradies gelangen. Erst 1988 endet der Krieg ohne Ergebnis mit einem Waffenstillstand. Er hat beide Länder in den wirtschaftlichen Ruin getrieben und über eine Million Tote gefordert.

Im Iran nimmt der amtlich verordnete Personenkult um Khomeini unterdessen immer absurdere Formen an. Gleichzeitig führt seine Politik zu einer internationalen Isolierung des Iran. Seine arabischen Nachbarn macht sich Khomeini zu Feinden, als seine Hetzreden 1987 in Mekka blutige Zusammenstöße zwischen gewalttätigen iranischen Pilgern und saudischen Ordnungskräften auslösen. Den Westen bringt Khomeini vollends gegen sich auf, als er im Jahr 1989 die islamische Welt zur Ermordung des britischen Schriftstellers Salman Rushdie aufruft. Dessen Buch „Die satanischen Verse" sei eine Verunglimpfung des Islam, die mit dem Tod bestraft werden müsse.

Offiziell zieht sich Khomeini Mitte der 80er Jahre aus der Politik zurück, da er an Krebs erkrankt ist. Er bleibt aber unangefochten höchste Autorität im Lande. Am 3. Juni 1989 stirbt er in Teheran. Sein Trauerzug gerät noch einmal zu einem gigantischen Aufmarsch seiner fanatischen Anhänger. Auf dem Weg zum Heldenfriedhof reißt die hysterische Menge den Sarg zu Boden. Der Sarg kann nur mit Hilfe eines Hubschraubers aus dem Chaos geborgen und in das pompöse Khomeini-Mausoleum transportiert werden. Bei den Trauerfeiern werden 10 000 Menschen verletzt.

Der Iran nach Khomeini

Wer auf eine gewisse Liberalisierung gehofft hatte, sieht sich enttäuscht. Zaghafte Reformversuche seines Nachfolgers Rafsandschani scheitern stets an den allmächtigen Mullahs. Der Mordaufruf gegen Salman Rushdie bleibt bestehen, international operierende islamische Terroristen werden weiterhin unterstützt. Immer mehr Iraner sehen den Islamismus als Grund der quälenden, das ganze Land lähmenden Unfreiheit. Sie bescheren im Februar 2000 den Reformern um Staatspräsident Chatami einen deutlichen Wahlsieg. Zur Parlamentseröffnung erscheinen zwei weibliche Abgeordnete demonstrativ ohne Tschador. Gleichzeit aber drängen islamistische Kräfte auf das Verbot einiger Chatami nahe stehender Zeitungen und rufen zur Ermordung missliebiger Schriftsteller und Journalisten auf. So bleibt es unsicher, wie sich der Iran im 21. Jahrhundert entwickeln wird.

Nordkorea – letzte Bastion des Sozialismus in Asien
Kim Il Sung

In einem kaum vorstellbaren Personenkult herrschte Kim Il Sung 47 Jahre über Nordkorea. Der „Große Führer" hielt seine unanfechtbare Position durch Härte und Kalkül. Er provozierte 1950 den Koreakrieg und begann Anfang der 90er Jahre, nach dem Zusammenbruch des sozialistischen Blocks isoliert, ein gewagtes Spiel mit der Atommacht.

Kim Il Sung
Daten und Fakten

1912	* bei Pjöngjang
1930	Kim wird Anführer einer Partisanengruppe
1945	Kim wird von den Sowjets zum Führer auserkoren
1948	Kim wird Ministerpräsident
1972	Kim wird Staatspräsident
1994	Kim stirbt in Pjöngjang

Bilder und Statuen des „Großen Führers" sind allerorts zu finden. Jeder Einwohner des Landes trägt die Anstecknadel mit dem Präsidentenkonterfei. Minutenlanger Applaus und Massenparaden feiern den Landesvater, dem jeder Untertan persönlich für Leben und Arbeit zu Dank verpflichtet ist. Der Herrscher ist im Besitz der Wahrheit und seine Veröffentlichungen sind Pflichtlektüre. Was Kim Il Sung berührt, wird wie eine Reliquie verehrt.

Durch die Legendenbildung, die bereits dem Knaben wundersam revolutionäres Wirken zuschreibt, ist über die frühen Jahre Kim Il Sungs nur wenig Verlässliches bekannt: Am 15. April 1912 wird er als Sohn eines Lehrers in Mangyongdae, einem Vorort Pjönjangs, geboren.

Um 1925 fliehen seine Eltern mit den Kindern vor der japanischen Kolonialmacht in die Madschurei, wo Kim Song Ju – so sein Geburtsname – seine Schulausbildung beendet. Nach der Besetzung der Mandschurei durch die Japaner 1930 wird Kim Anführer einer Partisanengruppe und legt sich den Decknamen verschiedener koreanischer Widerstandskämpfer „Kim Il Sung" zu.

Doch der neue Kim Il Sung ist keineswegs der Retter der Heimat, wie es in der offiziellen Geschichtsschreibung seines Landes heißt. Denn als die Aufständischen 1941 aufgerieben werden, setzt er sich mit dem Rest seiner Truppe in die Sowjetunion ab. Dort erhält er in den folgenden Jahren eine militärische und politische Ausbildung. 1945 marschiert er als Hauptmann der Roten Armee mit den sowjetischen Truppen in Nordkorea ein.

Im Oktober 1945 stellen die Sowjets bei einer Großkundgebung Kim Il Sung der Öffent-

lichkeit als Führer vor. 1947 ist er als Vorsitzender des Nordkoreanischen Volkskomitees mit der Bildung einer provisorischen Regierung betraut. Um seine Macht zu behaupten, beginnt Kim geschickt und zugleich skrupellos Rivalen auszuschalten und die unterschiedlichen kommunistischen Strömungen in der Partei zu bündeln. 1948 wird er zum Generalsekretär der koreanischen KP ernannt und nach Gründung der Demokratischen Volksrepublik Korea zum Ministerpräsidenten gewählt. Er behält dieses Amt bis 1972 und steigt danach durch eine Verfassungsänderung zum Staatspräsidenten auf. In dieser Position wird er regelmäßig mit 98 Prozent der Wählerstimmen bestätigt.

Totale Überwachung im Arbeiterparadies

Hinter dem wohlwollenden und heldenhaften Bild, das die Staatspropaganda malt, entlarvt sich Kim Il Sung als Diktator, der gegen Feinde und Kritiker mit Arbeitslager und Hinrichtung vorgeht und seine Macht mit Terror, Überwachung und Einschüchterung festigt. Regimekritikern und politisch Andersdenkenden droht dabei sogar die Internierung in Konzentrationslagern. So soll es im Jahr 1992 im ganzen Land 12 solcher Lager geben, in denen 200 000 Häftlinge gefangen gehalten werden.

Dennoch liebt es der Diktator, sich dem Volk als liebenswerter, wohlmeinender Patriarch zu präsentieren. Während seiner Amtszeit lässt er in den Dörfern und Städten Nordkoreas 22 000 Statuen von sich aufstellen. Mit allgegenwärtiger politischer Indoktrination und völliger Abschottung von Informationen über die Außenwelt, wird der Bevölkerung ein Paradies für Ar-

Kim Il Sung wollte Nordkorea zur Atommacht machen, obwohl sein Regime nicht einmal die Versorgung der Bevölkerung mit den Grundnahrungsmitteln sicherstellen konnte.

Korea – Geteiltes Land im Kalten Krieg

In den Waffenstillstandsverhandlungen, die sich über zwei Jahre bis Juli 1953 hinziehen, wird die Teilung Koreas langfristig fixiert. Über Jahrzehnte bleiben Einladungen an Kim Il Sung erfolglos. Er beabsichtigt eine Vereinigung unter kommunistischem Vorzeichen und macht seine Gesprächsbereitschaft vom Abzug der US-Truppen im Süden abhängig.

Erst zu Beginn der 90er Jahre zeichnet sich eine Annäherung ab. Beide koreanischen Staaten werden 1991 Mitglieder der UNO und die Grenze nach Südkorea öffnet sich für ausgewählte Familienbesuche und Handelskontakte. Durch Kim Il Sungs erpresserische Atompolitik verschärft sich jedoch die Konfrontation aufs Neue.

Ursprünglich „Schüler" von Moskau und China, versteht es Kim Il Sung, sich nach dem Koreakrieg immer mehr dem Einfluss der beiden kommunistischen Großmächte zu entziehen.

Er schließt 1961 Freundschaftsverträge mit beiden Staaten und bewahrt durch geschicktes politisches Agieren nicht nur eine neutrale Position, sondern verfolgt sogar seinen eigenen Kurs. Mit der „Juche-Ideologie" der Selbstgenügsamkeit, mit der Kim seine Herrschaft untermauert, zielt er auch außenpolitisch auf die Selbstbestimmung des Landes. Die Bevölkerung ist dabei gefordert, alles für den Aufbau zu geben. Dass diese Autarkie jedoch kaum möglich ist, zeigen 1991 der Zusammenbruch der Sowjetunion und Chinas Rückzug während des Atomwaffenstreites. Ohne Unterstützung von außen bricht die Wirtschaft Nordkoreas zusammen. Die Grundnahrungsmittel sind knapp.

Atommacht Nordkorea?

Die letzten Jahre Kim Il Sungs stehen im Zeichen seiner eigenwilligen Atompolitik. Nordkorea schürt den Verdacht, eigene Atomwaffen herzustellen, wehrt sich gegen Kontrollen und droht sogar, den Atomwaffensperrvertrag aufzuheben. Erpresserisch setzt Kim seine Weigerung, Inspektionen zuzulassen, ein, um für die Verhandlungen mit dem südlichen Nachbarn den Abzug der US-Truppen zu forcieren. Auf die angekündigten Sanktionen des UN-Sicherheitsrates rührt Kim die Kriegstrommel gegen Japan und Seoul.

Erst unter der Vermittlung des früheren US-Präsidenten Carter lenkt der nordkoreanische Staatschef im Juni 1994 zu einem Gipfeltreffen mit Südkorea ein, welches er jedoch nicht mehr persönlich erlebt. Kim Il Sung stirbt am 8. Juli 1994 in Pjöngjang.

beiter und Bauern suggeriert. Für diese Vision und den Aufbau des Landes erduldet das Volk Mangel und Entbehrung. Lebensmittel und Konsumgüter sind auf Dauer rationiert.

Der Diktator selbst führt einen kostspielig-feudalen Lebensstil. Seinen Sohn baut er als Nachfolger auf. Mit der Gründung einer „sozialistischen Dynastie" übertrifft Kim Il Sung alle kommunistischen Herrscher des alten Stils.

Kim Il Sung beginnt seine Regierungsjahre mit einer Boden- und Währungsreform, sein Schwerpunkt liegt jedoch im Aufbau einer schlagkräftigen Armee. Der Versuch, 1950 Südkorea unter seine Gewalt zu bringen, scheitert.

Die nordkoreanische Armee kann sich nur durch das massive Eingreifen chinesischer „Freiwilliger", die Mao zur Unterstützung schickt, auf ihrem eigenen Terrain halten und die weit vorgerückten, amerikanisch geführten Verbände der Gegenseite zurückdrängen. Vier Millionen Soldaten und Zivilisten sterben in diesem Krieg.

China im Zeichen der Kulturrevolution
Mao Zedong

Der am 26. Dezember 1893 in der chinesischen Provinz Hunan geborene Bauernsohn und ausgebildete Lehrer Mao Zedong entdeckte im Jahr 1920 nach längeren privaten Studien den Marxismus für sich. Im Jahr 1921 gehörte er zu den Gründungsmitgliedern der Kommunistischen Partei Chinas (KPCh). An die Spitze seiner Partei gelangt, begann er mit einer rücksichtslosen Umformung der traditionellen chinesischen Gesellschaft. Dies kostete Abermillionen von Menschen das Leben. Mao handelte ebenso wie die von ihm gestürzten Mandarine: Er degradierte das Volk, dem im Sozialismus doch alle Macht gehören soll, zu rechtlosen Untertanen.

Mao Zedong
Daten und Fakten

1893	* in der Provinz Hunan
1921	Mao ist Mitbegründer der Kommunistischen Partei Chinas
1934	„Langer Marsch"
1949	Mao ruft die Volksrepublik China aus
1966	Mao ruft die „Große proletarische Kulturrevolution" aus
1976	†

Nach dem Tod des letzten Kaisers im Jahr 1912 beginnt in China eine Zeit des Chaos und der Bürgerkriege. Überall in diesem riesigen Land reißen regionale Militärführer die Macht an sich. Gegen diese und die ausländischen Mächte, die sich Teile des zerbrochenen Reichs sichern wollen, kämpfen die Nationalchinesische Volkspartei Kuomintang (KMT) und die KPCh. Auf Geheiß Moskaus bilden die beiden Parteien zunächst noch eine Einheitsfront.

Die von General Chiang Kai-Shek befehligte KMT-Armee erobert 1926 den Norden, im Jahr darauf auch Shanghai und Nanking. Die Kuomintang, die sich bei ihrem Vormarsch etlicher

Bei einer Militärparade im Jahr 1949 inspiziert Mao seine Truppen aus einem offenen Wagen.

Massaker an Kommunisten – eins der Opfer ist die erste Frau Maos – schuldig gemacht hat, bricht die Beziehungen zur bisherigen Schutzmacht Moskau ab und gründet 1928 in der neuen Hauptstadt Nanking eine Nationalregierung.

Die Kommunisten unter Mao Zedong errichten in Jiangxi unterdessen eine eigene Sowjetzone. Im Jahr 1934 bereiten die militärisch überlegenen KMT-Truppen den kommunistischen Kampfverbänden eine vernichtende Niederlage.

Der „Lange Marsch"

Die Besiegten fliehen vor Chank Kai-sheks Truppen auf dem legendären „Langen Marsch", der von Oktober 1934 bis Oktober 1935 dauert, 10 000 Kilometer weit bis in die Nordprovinz Shaanxi. Nach mehreren Niederlagen gegen die Koumintang-Truppen entmachtet Mao Zedong im Januar 1935 den von Stalin entsandten deutschen Militärberater und Komintern-Mitarbeiter Otto Braun. Die neue Guerilla-Strategie ist zwar erfolgreich, trotzdem erreichen von den 100 000 Beteiligten des mit unvorstellbaren Entbehrungen verbundenen „Langen Marsches" nur 10 000 die Provinz Shaanxi. Mao steht während des Marsches als Einzigem ein Pferd zur Verfügung, oft lässt er sich auch tragen. Seine Tochter, die seine zweite Frau während des Marsches zur Welt bringt, wird auf Befehl Maos an Ort und Stelle zurückgelassen.

1937 lässt er sich von seiner Frau scheiden und heiratet die Schauspielerin Jiang Qing, die später die am meisten gefürchtete Frau Chinas

Mao und sein Stellvertreter Lin Piao zeigen sich dem Volk als lächelnde Patriarchen.

sein wird. Im Juni 1937 beginnt Japan einen Er-oberungsfeldzug gegen China, daraufhin flieht die Nationalregierung. Ein kurzzeitiges Zweck-bündnis zwischen Kuomintang und KP zerbricht, als sich Japan nach dem Abwurf der Atombom-ben auf Hiroshima und Nagasaki 1945 den USA ergibt und sich aus China zurückziehen muss. Den daraufhin sofort wieder entflammten Bür-gerkrieg entscheiden die Kommunisten für sich. Mao Zedong, der im Jahr 1940 in seiner Schrift „Über die neue Demokratie" seine „maoistische" Form des Kommunismus dargestellt hat, wird Vorsitzender der KPCh.

Bis zum Jahr 1942 hat er sich mit Hilfe von „Umerziehungsmaßnahmen" und gewaltsamen Säuberungsaktionen aller parteiinternen Kon-kurrenten entledigt. Am 1. Oktober 1949 ruft Mao auf dem Platz des Himmlischen Friedens in Pe-king die Volksrepublik China aus. Sein geschla-gener Gegner Chiang Kai-shek flieht mit zwei Mil-lionen Anhängern nach Taiwan. In der Volksre-publik China setzt Mao seine Ziele sofort rigoros durch. Die brutale Zerschlagung der bisherigen feudalen Gesellschaftsordnung und die Auf-teilung des Landes an Kleinbauern sind die ers-ten Maßnahmen. Die zweite ist die Festigung seiner Machtposition in Partei, Militär und Ver-waltung.

Praktisch Alleinherrscher, führt Mao 1950 ein neues, für China wahrhaft revolutionäres Ehe-recht ein. Nun ist es Frauen erstmals erlaubt, sich scheiden zu lassen und eigenes Land zu besit-zen. Seine außenpolitische Macht demonstriert Mao 1951 mit der Besetzung Tibets und der Ver-treibung des Dalai Lama. Bereits völlig losgelöst von Realität und der Stimmung im Volk, ermun-tert Mao 1956 in der Kampagne „Lasst hundert Blumen blühen und hundert Schulen miteinan-der wetteifern" die Intellektuellen zu konstruk-tiver Kritik. Alle, die dieser Aufforderung folgen, werden sofort als „Rechts-Abweichler" ge-brandmarkt und verschwinden in Arbeitslagern.

„Sprung nach vorne" ins Chaos

Maos nächste groß angelegte Kampagne, der „Große Sprung nach vorne", soll der rasche-ren Industrialisierung Chinas dienen. Die Bauern werden zwangsweise in Volkskommunen aus je-weils 4000 bis 5000 Bauernhöfen umgesiedelt. Fortan müssen sie nicht mehr nur das Land be-stellen, sondern zugleich mit primitivsten Mit-teln industrielle Güter herstellen. Sie werden ge-zwungen, aus Traktoren, Ofenrohren und Blech-teilen Stahl zu kochen. Diese Zwangsmaßnah-men haben katastrophale Hungersnöte zur Fol-

Mao in „proletarischer" Kleidung. Wer sich auffällig und nicht regelkonform kleidet, dem drohen grausame Strafen.

ten Garden, die aus blutjungen, fanatisierten jungen Leuten bestehen. Der Mao-Kult erreicht damit seinen Höhepunkt, jeder Chinese muss die rote „Mao-Bibel" mit den Weisheiten des „Großen Vorsitzenden" auswendig lernen. Hauptangriffsziel der Roten Garden sind die Intellektuellen und die Bildungsschicht des Landes. Schulen und Universitäten werden geschlossen, Schüler und Lehrer zur Zwangsarbeit in der Landwirtschaft und in Arbeitslagern geschickt oder gleich totgeschlagen.

Harmlose Dinge wie Klavierspielen oder der Besitz von Goldfischen gelten als „dekadent" und werden von den Roten Garden mit grausamen Strafen belegt. Alle Menschen müssen sich einheitlich und „proletarisch" kleiden. In ganz China ist als einziger Wandschmuck ein Porträt Maos oder Zitate aus der Mao-Bibel zugelassen. Alles, was nicht im Geiste Maos ist, wird gnadenlos vernichtet. Der Zerstörungswut der Roten Garden fallen auch uralte Bauwerke und Kunstdenkmäler von unschätzbarem Wert zum Opfer. Im ganzen Land stellt man Menschen, die „bourgeoiser Tendenzen" beschuldigt werden, angetan mit „Schandmützen" öffentlich an den Pranger, bevor man sie tötet.

Viele seiner ehemaligen Mitstreiter lässt Mao zu Tode foltern oder in den Selbstmord treiben. Als die Armee im Jahr 1966 dem Treiben der Roten Garden ein Ende macht, sind bereits mehrere Millionen Menschen ihrer Tötungsmaschinerie zum Opfer gefallen. 1969 bestätigt das Zentralkomitee den übermächtigen Mao nochmals als Parteivorsitzenden. Ministerpräsident Zhou Enlai betreibt in den folgenden Jahren eine konsequente Politik der wirtschaft-

ge, denen zwischen 1958 und 1961 fast 30 Millionen Menschen zum Opfer fallen.

Zur Säuberung von Partei und Gesellschaft ruft Mao 1966, unterstützt von seiner Frau Jiang Quing und dem Armeechef Lin Biao, die „Große proletarische Kulturrevolution" aus. Diese hat zum Ziel, alle „Reste des Feudalismus" auszuradieren. Träger der Kulturrevolution sind die Ro-

lichen und politischen Konsolidierung, die nach dem Bruch mit Moskau im Jahr 1971 auch eine Annäherung an den Westen ermöglicht. Der Große Vorsitzende muss dies nun dulden, da er inzwischen gesundheitlich stark angeschlagen ist. US-Präsident Nixon ist 1972 das erste westliche Staatsoberhaupt, das China einen Besuch abstattet.

Während Zhou Enlai bis 1973 und nach ihm Deng Xiaoping die Regierungsgeschäfte führen, verlässt Mao Zedong seinen Palast kaum mehr. Er ist stark gealtert und krank und umgibt sich nur noch mit jungen Gespielinnen und zahlreichen Ärzten. Am 9. September 1976 stirbt er im Alter von 83 Jahren.

Wie bei kommunistischen Potentaten üblich, wird der Leichnam des Großen Vorsitzenden einbalsamiert und zum ewigen Angedenken in einem Mausoleum zur Schau gestellt. Maos Witwe, die nach seinem Tod die Macht an sich zu reißen versucht, wird am 7. Oktober verhaftet. Anschließend macht man ihr und ihren linksradikalen Mitstreitern aus der sogenannten „Viererbande" den Prozess. Jiang Quing wird 1984 zum Tode verurteilt, jedoch später zu lebenslanger Haft begnadigt.

Der sichtlich gealterte Mao spricht auf dem IX. Parteitag der kommunistischen Partei 1970.

China nach Mao

Nachdem sich der Pragmatiker Deng Xiaoping in der Partei durchgesetzt hat, beginnt 1978 eine allmähliche „Entmaoisierung". Diese zieht innere und äußere Reformen nach sich. Deng ersetzt die Planwirtschaft durch eine „sozialistische Marktwirtschaft", löst die Volkskommunen auf und lässt die Bauern wieder selbst wirtschaften. Er fördert das freie Unternehmertum und ruft ausländische Investoren ins Land. Die kommunistischen Kader aber herrschen weiterhin wie gewohnt. Am 4. Juni 1998 demonstrieren mehrere Millionen Chinesen auf dem Platz des Himmlischen Friedens in Peking gegen die hohe Inflation und gegen die grassierende Korruption in Partei und Verwaltung. Die Regierung unter Deng Xiaoping beendet die Demonstrationen mit Panzereinheiten. Hunderte, wenn nicht Tausende friedlicher Demonstranten kommen bei diesem Einsatz ums Leben. Nach dem Tod Dengs im Jahr 1997 übernimmt der bisherige KP-Generalsekretär Jiang Zemin das Amt des Staatspräsidenten, der sich seither an dem Balanceakt versucht, die weiterhin geltende kommunistische Staatsdoktrin mit einer kapitalistischen Wirtschaftspolitik zu versöhnen.

3000 Paar Schuhe für First Lady Imelda
Ferdinando Marcos

Das Regime des philippinischen Diktators, der den Inselstaat von 1965 bis 1986 regierte, schreckte zwar vor despotischen Mitteln wie Mord, Korruption und Manipulation nicht zurück, wusste dies aber in allen Fällen so geschickt zu verschleiern, dass stets kleine Zweifel an seiner Schuld blieben.

Ferdinando Marcos
Daten und Fakten

1917	* in Sarrat
1934	Marcos studiert Jura
1965	Marcos wird Präsident
1980	Marcos überlebt einen Bombenanschlag
1986	Marcos verliert Präsidentschaftswahl gegen Corazon Aquino und flieht nach Hawaii
1989	† Honolulu, Hawaii

Ferdinando Edralin Marcos wird 1917 in Sarrat auf der philippinischen Hauptinsel Luzon geboren. Er ist der Sohn eines bekannten Politikers, Pädagogen und Juristen und einer römisch-katholischen Lehrerin, der Tochter eines reichen Gutsbesitzers. Von 1934 bis 1939 studiert der überaus begabte Marcos Jura und schließt sein Studium mit Auszeichnung ab.

Bereits 1938 ereignet sich dabei der erste ungeklärte Zwischenfall: Marcos wird des Mordes an einem politischen Gegner seines Vaters angeklagt und zu einer Gefängnisstrafe verurteilt. 1939 erreicht Marcos allerdings einen Freispruch und seine Rehabilitierung. In den folgenden Jahren ist er als Rechtsanwalt tätig. Später lässt er die Legende verbreiten, er habe sich zur Zeit der japanischen Besetzung im Widerstand engagiert und mit seiner Guerillaeinheit „Ang Mag Maharlika" die Amerikaner bei der Rückeroberung des Inselreichs unterstützt. Dabei soll er fünfmal verwundet worden und mit 27 Auszeichnungen meistdekorierter Soldat der Philippinen gewesen sein.

Sein Wahlversprechen: Kampf der Korruption

Im Jahr 1949 tritt Marcos erstmals politisch in Erscheinung. Als Kandidat der liberalen Partei wird er in die Kammer seiner Geburtsprovinz gewählt. 1964 wechselt er zur Nationalistischen Partei und wird noch im selben Jahr deren Präsident. 1965 tritt Marcos bei den Präsidentenwahlen gegen seinen ehemaligen liberalen Parteifreund Macapagal an und erreicht mit seinem Wahlversprechen, das Land von Korruption, Schmuggel und Kriminalität zu befreien, auf Anhieb 60 Prozent der Stimmen.

In Wirklichkeit aber begründet Marcos seine Macht, die im Lauf der Jahre immer absoluter wird, auf die Abhängigkeit von Günstlingen, die er landesweit in einflussreichen Positionen zu platzieren weiß. Trotzdem wird er 1969 als erster Präsident für eine zweite Amtszeit gewählt. Ab 1971 entstehen auf Grund von Korruption und Machtmissbrauch bürgerkriegsähnliche Unruhen

Im hawaiianischen Exil erläutert der gestürzte Diktator seinen gescheiterten Versuch, auf die Philippinen zurückzukehren und die Macht wieder an sich zu reißen.

Der Diktator im Gespräch mit dem amerikanischen Präsidenten Lyndon B. Johnson.

ne Familie sowie Vertraute nach Honolulu auf Hawaii. Eine Untersuchungskommission auf den Philippinen kommt später zu dem Schluss, dass Marcos und sein Clan mindestens 10 Milliarden US-Dollar auf nicht vollständig geklärte Weise in ihren Besitz gebracht haben. Bei ihrer Flucht soll die Familie Marcos Banknoten im Wert von 1,5 Millionen US-Dollar und Schmuck im Wert von fünf Millionen US-Dollar bei sich haben. Außerdem sollen sich auf Schweizer Konten mindestens weitere 300 Millionen US-Dollar befinden. Zur Legende wird auch die umfangreiche Luxus-Garderobe, die Imelda Marcos im Präsidentenpalast von Manila zurücklassen muss; mindestens 3000 Paar Schuhe und Unmengen teurer Kleidung soll die ehemalige Schönheitskönigin und Gouverneurin von Großmanila, die als reichste Frau des Landes gilt, besitzen.

auf den südlichen Inseln, die Marcos blutig bekämpfen lässt. 1972 reagiert er mit der Verhängung des Kriegsrechts, der Aufhebung des Streikrechts, der Einschränkung der Pressefreiheit und der formellen Auflösung der politischen Parteien. Die Führer der Opposition, deren Aktionsfreiheit ohnehin beschnitten ist, werden verhaftet.

Der mysteriöse Tod Benigno Aquinos

1980 übersteht Marcos einen Bombenanschlag unverletzt. Zwei Monate vor dem Besuch von Papst Johannes Paul II. hebt er das seit 1972 bestehende Kriegsrecht wieder auf. Trotzdem nimmt der Widerstand gegen das Regime Marcos immer weiter zu. 1983 kehrt der einzige ernst zu nehmende Oppositionspolitiker Benigno Aquino aus seinem US-amerikanischen Exil auf die Philippinen zurück, wird aber direkt auf dem Flughafen von Manila unter nie geklärten Umständen erschossen. Marcos bezeichnet dieses Verbrechen zwar als ungeheuerlich, kann aber den Verdacht, er selbst stehe hinter diesem Attentat, nie widerlegen.

Bei den Wahlen von 1986 erklärt sich Corazon Aquino, die Witwe des Ermordeten, bereit zu kandidieren. Nach einer manipulierten Wahl wird Marcos zwar zunächst als Wahlsieger deklariert, doch führen Proteste schließlich dazu, dass Corazon Aquino verdient das Präsidentenamt übernehmen kann.

Nach der Machtübernahme durch Corazon Aquino fliehen der ehemalige Präsident und sei-

Eine ungewisse Zukunft

Corazon Aquino regiert die Inselrepublik bis 1992. Über ihrer Regierung schwebt ständig das Damokles-Schwert eines drohenden Putsches. Auch die Bevölkerung zeigt sich enttäuscht über die mit vielen Vorschusslorbeeren bedachte Präsidentin. Viele Wahlversprechen werden nicht eingelöst, das Land bleibt eines der ärmsten der Welt. Die Präsidentschaftswahlen am 11. Mai 1992 gewinnt der von Aquino geförderte Offizier Fidel Ramos, der als Verteidigungsminister im Kabinett Aquino insgesamt sieben Putschversuche zurückgeschlagen hatte. Auch bei diesen Wahlen ist erneut von massivem Wahlbetrug die Rede. Seit Mai 1998 regiert Ramos Vizepräsident Joseph Estrada, ein ehemaliger Filmschauspieler. Die von Ramos begonnene Privatisierungspolitik will Estrada fortsetzen, ebenso möchte er Korruption und Armut bekämpfen. Seit Ende 1997 kann das Land ein Wirtschaftswachstum verzeichnen, das durch die Asienkrise allerdings gedämpft wird.

Auch der Kampf der ethnischen Minderheit der muslimischen Moros um politische Autonomie zehrt an den Kräften des Landes. Seit 25 Jahren tobt auf der Insel Mindanao ein Bürgerkrieg, der durch die Unterzeichnung eines Friedensvertrags im Jahr 1996 zwar eingedämmt, aber nicht zum Erliegen gebracht werden kann.

Die Zukunft des Inselstaates bleibt also weiterhin ungewiss, auch wenn die Erinnerung an den skrupellosen Despoten Ferdinando Marcos langsam verblasst.

Dürre und Hunger in Äthiopien
Haile Mariam Mengistu

Den Bürgerkrieg in seinem Heimatland Äthiopien machte sich der linksgerichtete Offizier, Staats- und Parteichef Haile Mariam Mengistu zunutze, als er 1977 die Macht übernahm. Er errichtete eine Militärdiktatur, die von blutigem Terror geprägt war. Politische Morde einerseits und schwere Dürrekatastrophen, die zu einer schrecklichen Hungersnot führten andererseits, prägten die Zeit seiner Schreckensherrschaft.

Haile Mengistu
Daten und Fakten

1937	* (ca.) in Südwest-Äthiopien
1959	Mengistu wird Leutnant in der Dritten Division
1974	Entmachtung des Kaisers; Mengistu wird Stellvertreter des provisorischen Militärverwaltungsrates
1978	Säuberungswelle „Roter Terror"
1991	Protest der Intellektuellen gegen Mengistu; Flucht nach Simbabwe

Ein äthiopischer Bauernältester überreicht dem Vorsitzenden des Militärverwaltungsrates Mengistu einen Speer. Diese Geste gilt traditionell als Vertrauensbeweis.

Der marxistisch orientierte Militärdiktator Haile Mariam Mengistu (der Name bedeutet „die Macht und Kraft Marias") kam wahrscheinlich im Südwesten Äthiopiens zur Welt. Sein Geburtsjahr ist nicht genau bekannt, es liegt zwischen 1937 und 1941. Angeblich soll er der Sohn einer Putzfrau und eines Unteroffiziers im kaiserlichen Palast sein. Auch die ethnische Zugehörigkeit Mengistus ist ungeklärt; wahrscheinlich gehört er zum Volk der Oromo, andere Quellen nennen den auffallend klein gewachsenen Offizier – Mengistu ist nur 1,66 m groß – einen Mischling.

Der Junge besucht die Holetta-Kadettenschule in Guennet bei Addis Abeba und dient anschließend im so genannten Löwenregiment der äthiopischen Armee. 1959 wird er zum Leutnant in der 3. Division befördert. Später setzt er seine militärische Ausbildung im US-Bundesstaat Kansas fort. Angeblich macht er als Farbiger dort bittere Erfahrungen mit der Rassendiskriminierung durch weiße Amerikaner.

Nach seiner Rückkehr in die äthiopische Heimat steigt Mengistu zum Major auf und schließt sich einer Gruppe von marxistisch-leninistisch orientierten Offizieren an. Anfang 1974 kommt es zur Revolte innerhalb der Streitkräfte, in der Folge wird Kaiser Haile Selassie schrittweise entmachtet. Am 12. September 1974 wird der zwischenzeitlich inhaftierte Kaiser offiziell für abgesetzt erklärt und ein sogenannter provisorischer Militärverwaltungsrat gebildet. Den Vorsitz führt General Aman Michael Andom, Mengistu wird sein Stellvertreter.

Doch bald kommt es zu Spannungen. Der Kreis um Mengistu erschießt daraufhin neben einigen hochgestellten Offizieren auch General Andom – ein unglaublicher Vorgang, der internationales Entsetzen hervorruft. Nachfolger von Andom wird Teferi Benti, während Mengistu seine Position als Stellvertreter beibehält. Mit einem sozialistisch getönten Programm zur Schaffung einer demokratischen Volksrepublik unter proletarischer Führung ist das Militärregime in der Folge zunächst innenpolitisch erfolgreich.

Keine Gnade für die Gegner

1977 versucht Benti, die Macht Mengistus und anderer Offiziere zu beschneiden. Dies müssen er und befreundete Offiziere mit dem Leben bezahlen: Nun setzt Mengistu sich bei den Militärs durch. Im Herbst 1977 lässt er seinen letzten politischen Rivalen, Oberstleutnant Atnafu

Abate, liquidieren. 1978 kommt es zur Säuberungswelle „Roter Terror", der allein in Addis Abeba 5000 Vertreter der linken Intelligenz zum Opfer fallen. 1980 begeht man mit großem Pomp den 10. Jahrestag der Revolution, während Hunger und Elend weite Teile des Landes prägen. Bilder von der hungernden Bevölkerung Äthiopiens erschüttern die Menschen in aller Welt. Doch Mengistu kümmert sich nur um die Niederschlagung der eritreischen Unabhängigkeitsbewegung und den Bürgerkrieg gegen die somalische Minderheit im Land. Für das Militär sind genügend Mittel vorhanden, während die Menschen unter den Folgen der Dürrekatastrophe leiden.

Innenpolitische Spannungen und wachsender Widerstand

1986 trittt der äthiopische Außenminister überraschend zurück – er erklärt damit seinen Protest gegen Mengistus Politik, der das Land in Totalitarismus und Diktatur geführt hat. Als im April 1991 240 äthiopische Professoren offen Mengistus Rücktritt fordern, weiß dieser, dass seine Stunde geschlagen hatte. Mengistu flieht gemeinsam mit seiner Familie nach Simbabwe, wo er in der Nähe von Norton eine Farm besitzt.

Äthiopien und der Ostblock

Mengistus Scheitern und der nachfolgende Zusammenbruch seines Regimes sind auch Folgen der außenpolitischen Orientierung auf die Länder des Ostblocks. Äthiopien war wirtschaftlich vollkommen abhängig von der Unterstützung vor allem der Sowjetunion und der DDR, aber auch Kubas.

Als die Zuwendungen im Zuge der Auflösung im Ostblock ausbleiben, gerät Mengistus Regime in eine schwere Krise. Er versucht zwar, dieser mit der Ankündigung von Wirtschaftsreformen und dem Widerruf der marxistischen Staatsideologie zu begegnen, scheitert aber bald. Trotzdem bedeutet sein Scheitern noch keine zwingende Reform des äthiopischen Wirtschafts- und Gesellschaftssystems.

Auf einer Pressekonferenz 1978 profiliert sich der Diktator als starker Mann.

Nationalismus und „ethnische Säuberungen"
Slobodan Milošević

Slobodan Milošević wurde am 29. August 1941 als Sohn eines Popen in Pozarevac in Serbien geboren. Im Jahr 1959 nahm er sein Jurastudium in Belgrad auf und trat in die Kommunistische Partei ein. Als Präsident der Ideologiekommission des Universitäts-Parteikomitees begann er seine Karriere in der Partei Titos. Nach dem Studium war er zunächst in leitenden Positionen in verschiedenen Staatsbetrieben tätig. 1984 wurde Milošević Parteisekretär der Hauptstadt Belgrad, 1987 Erster Parteisekretät Serbiens. Als Politiker erlangte er schlagartig Berühmtheit, als er am 24. April 1987 auf dem Kosovo Polje vor demonstrierenden Serben sprach, die den Anschluss des Kosovo an Serbien forderten. Der Kosovo hat für die Serben seit ihrer Niederlage gegen die Osmanen in der Schlacht auf dem Amselfeld (Kosovo Polje) am 28. Juli 1389 geradezu mythische Bedeutung. Hier ging das alte serbische Großreich unter, hier begann die jahrhundertelange osmanische Herrschaft, die zum serbischen Trauma geworden war.

Slobodan Milošević
Daten und Fakten

1941	* in Pozarevac
1959	Milošević nimmt sein Jurastudium auf
1987	Ernennung zum Präsidiumsvorsitzenden der Teilrepublik Serbien
1992	UNO regiert mit Handelsembargo
1995	Milošević unterschreibt Friedensvertrag mit Bosnien-Herzegowina
1997	Wahl zum Präsidenten Jugoslawiens

Seit Dezember 1987 ist Milošević Vorsitzender des Präsidiums der jugoslawischen Teilrepublik Serbien. Hier setzt er zu Gunsten seiner politischen Karriere zunehmend auf die nationalistische Karte. So schürt er die anti-albanische Stimmung unter den Serben im Kosovo, die die Aufhebung der von Tito verliehenen Autonomie der Provinz fordern.

1988 entsendet Milošević Milizen zur Unterstützung der demonstrierenden Serben in den

Kosovo. Nach und nach werden alle politischen Ämter im Kosovo mit Serben besetzt. Im Juni 1990 hebt eine Änderung der serbischen Verfassung den Autonomiestatus des Kosovo auf. Ebenso ergeht es auch der von ungarischen, deutschen und rumänischen Minderheiten bewohnten Vojvodina. Milošević begleitet diese Maßnahmen mit lautstarken nationalistischen Parolen.

1989 wird der Hardliner zum Präsident der Republik Serbien gewählt. Im Juni 1990 wird er Vorsitzender der aus dem Zusammenschluss von Kommunistischer Partei und Sozialistischem Bund hervorgegangenen Sozialistischen Partei Serbiens. Diese erringt bei den Wahlen im Dezember 1990 46 Prozent der Stimmen.

Während Miloševićs Ziel der Erhalt des serbisch dominierten Vielvölkerstaates Jugoslawien ist, streben die Teilrepubliken Slowenien und Kroatien nach Unabhängigkeit. Dort erleben die Kommunisten bei den ersten freien Parlamentswahlen im Frühjahr 1990 vernichtende Niederlagen. Im Juni 1991 erklären Slowenien und Kroa-

Lächelnd präsentiert sich Milošević 1989 auf dem 70. Jahrestag der sozialistischen Partei Jugoslawiens.

1993 unterzeichnet der serbische Diktator in Athen den Friedensplan von Vance Owen.

tion ihre Unabhängigkeit, ein Jahr später ist diese völkerrechtlich anerkannt. Trotzdem lässt Milošević die serbisch dominierte Bundesarmee in Slowenien einmarschieren, beordert sie aber nach Protesten in Serbien bald wieder zurück.

Krieg auf dem Balkan

Anders verhält es sich im Falle Kroatiens. Dort kommt es zwischen Bundesarmee, die von serbischen Freischärlern unter dem berüchtigten Arkan, einem weltweit gesuchten Schwerverbrecher, unterstützt wird, und kroatischen Milizen zu einem blutigen Krieg. Dieser endet erst 1993. Beide Seiten machen sich dabei schlimmster Kriegsverbrechen schuldig.

Als im Februar 1992 auch die Republik Bosnien-Herzegowina ihre Unabhängigkeit erklärt, fallen Bundestruppen und serbische Freischärler in dem Land ein. In diesem mit äußerster Brutalität geführten Krieg kommt es zu furchtbaren Massakern an der Zivilbevölkerung. Die „ethnischen Säuberungen" gelangen in den internationalen Medien zu trauriger Berühmtheit. Schließlich bringt Serbien 70 Prozent des Landes unter seine Kontrolle. Diese Politik Miloševićs isoliert Serbien außenpolitisch völlig, im Mai 1992 verhängt die UNO ein Handelsembargo.

Langsam formiert sich gegen die diktatorische Herrschaft Miloševićs im nun nur noch aus

Serbien und Montenegro bestehenden Restjugoslawien die Opposition. Diese wird brutal unterdrückt. Miloševićs deutlicher Sieg bei den Präsidentschaftswahlen im Dezember 1992 scheint ein Anzeichen zu sein, dass die Mehrheit der Serben seine nationalistische Politik billigt. Den Krieg in Bosnien-Herzegowina lässt Serbiens starker Mann trotz der Stationierung von UN-Truppen mit unverminderter Härte weiterführen. Der Internationale Gerichtshof ruft die serbische Führung im April 1993 auf, den Völkermord in Bosnien-Herzegowina zu beenden. Einen UN-Friedensplan lehnen die bosnischen Serben, deren Führer Radovan Karadžić mit internationalem Haftbefehl gesucht wird, ab.

Milošević hingegen, der das weltweit geächtete Serbien von seinem Paria-Dasein befreien möchte, stimmt diesem und einem von der internationalen Bosnien-Kontaktgruppe formulierten Friedensplan zu. Demnach sollen die Serben 49 Prozent und die moslemisch-kroatische Föderation 51 Prozent Bosniens erhalten. Im August 1994 bricht Milošević mit den bosnischen Serben und ihrem Führer Karadžić, was die UNO zu einer Lockerung der über Restjugoslawien verhängten Wirtschaftssanktionen veranlasst. Der Krieg in Bosnien dauert allerdings weiter an.

Zur Vergeltung des Beschusses von Sarajevo, bei dem am 28. August 1995 37 Zivilisten

Franjo Tudjman und Slobodan Milošević bei einem Gipfelgespräch in Ljubljana.

ums Leben kommen, bombardieren Nato-Kampfflugzeuge serbische Stellungen und Nachrichtenzentren. Diesem Druck gibt Milošević schließlich nach und unterzeichnet am 14. Dezember 1995 in Paris zusammen mit dem kroatischen Präsidenten Tudjman und dem Präsidenten von Bosnien-Herzegowina Izetbegović einen Friedensvertrag. Bosnien-Herzegowina bleibt als Staat erhalten, es soll zu 51 Prozent aus dem Gebiet der moslemisch-kroatischen Föderation und zu 49 Prozent aus serbischem Territorium bestehen. Mit der Unterzeichnung des Vertrags erreicht Milošević die völlige Aufhebung des internationalen Embargos.

Seine eigene Position kann er zudem erheblich stärken: Aus dem Machtkampf mit seinen ehemaligen Verbündeten, den Führern der bosnischen Serben, geht er als Sieger hervor. Ende 1995 hat er sich Milošević auch aller Konkurrenten in der Parteiführung entledigt. Im März 1996 wird er als Parteichef bestätigt, am 3. November gewinnt er auch die jugoslawischen Parlamentswahlen. Bei den Kommunalwahlen vom 17. November 1996 gewinnt in 44 Städten, darunter Belgrad und Niš, das Oppositionsbündnis Zajedno („Gemeinsam"), das aus der Demokratischen Partei (DS) von Zoran Djindjic und der Serbischen Erneuerungsbewegung (SPO) des Schriftstellers Vuk Drašković besteht. Daraufhin lässt Milošević die Wahlen für ungültig erklären. Diese Entscheidung löst eine gewaltige Protestwelle aus – wochenlang demonstrieren Hunderttausende gegen den Diktator. So erkennt er im Februar 1997 die Wahlen doch an.

Neuer Bürgermeister von Belgrad wird damit der Demokrat Zoran Djindjić. Schon im September aber betreiben Milošević und Drašković gemeinsam seine Abwahl. Am 15. Juli 1997 wird Milošević zum Präsidenten Jugoslawiens gewählt. Zuvor hatte sich der Präsident der von Miloševićs großserbischer Politik schwer bedrängten Teilrepublik Montenegro, Djukanović, gegen seine Kandidatur ausgesprochen.

Krieg im Kosovo

Unterdessen beginnt im Kosovo ein regelrechter Krieg der Bundesarmee und der serbischen Sonderpolizei gegen die separatistische Befreiungsfront der Kosovo-Albaner (UCK). Tag für Tag gehen schreckliche Bilder durch die internationalen Medien: Das brutale Vorgehen der serbischen Einheiten, die gezielte Vertreibung der Albaner aus dem Kosovo, Massaker an der albanischen Bevölkerung und die Entdeckung von Massengräbern getöteter Zivilisten entsetzen die Menschen auf der ganzen Welt. Der internationale Druck auf Milošević wächst stetig an. Auch die Androhung von NATO-Luftangriffen auf Serbien und ein Totalembargo bewegen ihn nicht zur Unterzeichung des von den NATO-Staaten in Rambouillet bei Paris erarbeiteten Friedensplans.

Am 24. März 1999 beginnt die NATO mit der Bombardierung strategisch wichtiger Ziele in Serbien. Neben Rüstungsbetrieben und anderen Industrieanlagen werden auch Elektrizitätswerke, Donaubrücken und wichtige Verbindungsstraßen zerstört. Die Bombardierung Belgrads und anderer Städte fordert auch zahlreiche Todesopfer unter den Zivilisten. Dennoch weiß Milošević die auf die Berichterstattung der staatlich gelenkten Medien angewiesene Bevölkerung hinter sich. Im Kosovo lässt er die Vertreibung der Albaner mit noch brutaleren Mitteln fortsetzen. Von den zwei Millionen Kosovo-Albanern fliehen 860 000 vor der mordenden serbischen Soldateska ins benachbarte Mazedonien, mehr als 200 000 Menschen halten sich in Wäldern und unwegsamen Berggebieten versteckt.

Am 27. Mai 1999 erhebt das Internationale Tribunal für Verbrechen im früheren Jugoslawien Anklage gegen Milošević wegen Verbrechens gegen die Menschlichkeit. Er wird nun mit internationalem Haftbefehl gesucht. Angesichts des fortdauernden Bombardements Serbiens stimmt Milošević am 3. Juni 1999 einem von den G8-Staaten ausgearbeiteten Friedensplan für den Kosovo zu. Seither halten amerikanische, deutsche, französische, italienische, britische und russische Truppen jeweils eine Zone des Landes besetzt. Diese Maßnahme soll einen erneuten Ausbruch der blutigen serbisch-albanischen Auseinandersetzungen verhindern.

In Serbien regiert das Regime Milošević weiterhin mit diktatorischen Mitteln. Unabhängige Zeitungen, Fernseh- und Rundfunksender werden verboten. Politische Gegner fallen Mordanschlägen zum Opfer. Allein Vuk Drašković entgeht zweimal nur knapp einem Attentat. Um Milošević hat sich indessen eine mafiaähnliche Clique geschart, die alle wichtigen Posten im Staat besetzt hält und sich rücksichtslos bereichert. Neben seiner Frau Mijana Marković, der militanten Führerin der radikalen Jugoslawischen Linken (JUL), tut sich sein Sohn Marko im Schutz der väterlichen Allmacht auf besonders unrühmliche Weise hervor. Er gilt als eines der gewalttätigsten Mitglieder der serbischen Mafia. Seine Schlägertrupps terrorisieren Pozarevac, den Geburtsort seines Vaters, den er fast gänzlich in seinen Besitz gebracht hat. Journalisten, die über die Exzesse des Diktatorensohns berichten, werden misshandelt und zu hohen Geldstrafen verurteilt. Als Chef einer Kette von Duty-Free-Läden ist Marko Milošević einer der größten Profiteure des über Serbien verhängten Totalembargos.

Die internen Macht- und Verteilungskämpfe haben schon etliche Vertraute des Diktators mit dem Leben bezahlt, darunter auch der Freischärler-Führer Arkan. Milošević selbst bleibt international geächtet. Er sichert seine Macht mit immer skrupelloseren Mitteln, doch die Opposition im Lande wächst.

Demonstration zur Erinnerung an die Toten im Kosovo.

Armes reiches Land im Herzen Afrikas
Mobutu Sese Seko

Joseph Désiré Mobutu benannte sich 1972 Sese Seko Kuku Ngendu Wa Za Banga, was in etwa „der alles erobernde Krieger, der von Triumph zu Triumph eilt" bedeutet. Er galt als Paradebeispiel für den sich bereichernden, machtgierigen Herrscher. Einem Stammesfürsten nicht unähnlich, trotzte dieser „diktatorische Dinosaurier" allen Bestrebungen, demokratische Verhältnisse in Zaire einzuführen.

Mobutu Sese Seko
Daten und Fakten

1930	* in Lisala
1960	Mobutu wird Staatssekretär
1965	Mobutu putscht sich an die Macht
1989	Unter dem Druck der USA werden Liberalisierungen angekündigt
1993	Ausschreitungen; Mobutu stoppt Demokratisierung
1996	Erkrankung Mobutus; Aufstände in Ost-Zaire
1997	Flucht nach Marokko und †

Alle Demokratisierungsversuche scheitern an Mobutus Macht, die er, losgelöst von jeder politischen Realität, wie ein absoluter Monarch ausübt. Seine „Hausmacht" von Clan und Vetternwirtschaft sowie seine Leibgarde sind ihm wertvolle Hilfe im Kampf gegen seine Gegenspieler. Die Ministerpräsidenten des Landes erscheinen wie austauschbare Marionetten. Sie halten weder der List noch den Einschüchterungstaktiken Mobutus stand.

Wie ein Stammesführer sammelt er Trophäen. Es heißt, die verschiedenen Prunkvillen des Diktators seien auf den Grundstücken bezwungener Gegner errichtet. Mobutus Souveränität gründet sich auch auf den Reichtum der Rohstoffe in seinem Land. Mit Blick darauf dulden die Industriestaaten sein diktatorisches Verhalten stillschweigend.

Dabei deutet zunächst nichts darauf hin, dass der am 14. Oktober 1930 in Lisala geborene Mobutu zu solch trauriger Berühmtheit gelangen wird. Seine Herkunft ist weitgehend unbekannt, angeblich ist er Sohn eines Kochs und eines geflüchteten Haremsmädchens. Sicher ist seine Zugehörigkeit zum Ngbandi-Stamm. Er lernt bei den „Scheutist Fathers" und besucht ein Gymnasium in Coquilhatville. Es folgt die Ausbildung zum Buchhalter und Stenographen, journalistische Kurse und Sozialberatung, die er teils in Brüssel absolviert, schließen sich an.

Von 1950 bis 1956 dient Mobutu als Schreiber in der Kolonialarmee „Force Publique". Er quittiert den Dienst und arbeitet in Luluabourg bei verschiedenen Zeitungen. Zuletzt ist er leitender Redakteur in Léopoldville, wo er auf Patrice Lumumba trifft, den Führer des Mouvement National Conglais (MNC). Anfang 1960 nimmt Mobutu als MNC-Delegierter und Vertreter Lumumbas an politischen Gesprächen in Brüssel teil.

Der Mord an Lumumba

Nach der Unabhängigkeitserklärung am 30. Juni 1960 bildet Lumumba die Regierung, Mobutu wird Staatssekretär. Als die „Force Publique" meutert, gelingt es ihm, den Konflikt durch Gespräch und Überredung zu lösen. Dazu wird er kurzerhand zum Oberst und Chef des Generalstabs der Armee ernannt. Wenige Monate darauf, am 14. September 1960, beendet Mobutu den Streit zwischen Lumumba und Staatspräsident Kasavubu durch einen unblutigen Putsch. Mobutu bildet eine Regierung aus jungen, zivilen Fachkräften und nimmt Lumumba gefangen, als dieser zu fliehen versucht. Er lässt den ehemaligen Ministerpräsidenten am 17. Januar 1961 nach Katanga überführen, wo dieser wenig später ermordet wird.

Mobutu baut mit israelischer Hilfe die Armee neu auf und zieht sich zunächst aus der Politik zurück. Ihm wird vorgeworfen, für den Tod Lumumbas mitverantwortlich zu sein. Dennoch gewinnt er an Einfluss. Als sich zwischen dem Staatsoberhaupt und dem neuen Ministerpräsidenten ein Machtkampf entspinnt, bringt sich Mobutu 1965 mit einem unblutigen Putsch an die Macht. Innenpolitische Gegner werden sodann gnadenlos hingerichtet, die Parteien durch die 1967 gegründete Einheitspartei MPR ersetzt. Der Tyrann setzt sogar weiße Söldner ein, um Aufstände niederzuwerfen. Als die Söldner selbst revoltieren, kostet es harte, verlustreiche Gefechte, sie zu besiegen.

Am 27. Oktober 1971 wird der Kongo in Zaire umbenannt. Mobutu wird bis 1988 bei allen Wahlen jeweils ohne Gegenkandidaten mit fast 100 Prozent der Stimmen im Amt bestätigt. Trotz seiner Cliquenwirtschaft, mit der er Posten an Getreue und Verwandte verteilt, hält man ihm zugute, dass er die Situation im Land stabilisiert.

Bei seinem Staatsbesuch in den USA wird Mobutu von Präsident Nixon empfangen.

Er beendet die blutigen Unruhen nach der Erlangung der Unabhängigkeit, bringt wirtschaftlichen Aufschwung, garantiert die Westorientierung des Staates und holt so privatwirtschaftliche Investoren in das Land.

Zaire: Armut trotz des Reichtums an Bodenschätzen

Die 80er Jahre bringen dagegen Misswirtschaft und ein immer größeres Ausmaß an Korruption. Wichtigstes Machtinstrument Mobutus wird das Heer, speziell die 10 000 Mann starke Leibgarde, die bestens bewaffnet ist. Obwohl Zaire reich an Rohstoffen ist und üppige Entwicklungshilfe empfängt, steht es schlecht um die Wirtschaft. Viel Geld versickert in undurchsichtigen Kanälen: Mobutus Privatvermögen wird zeitweise auf 20 Milliarden Mark, nach seinem Tod noch auf fünf Milliarden Mark geschätzt. 1989, als es dem korrupten Diktator nicht mehr gelingt, seinem Regime den Anstrich von Stabilität zu geben, drohen die USA, ihre Militärhilfe einzufrieren.

Daraufhin kündigt Mobutu Reformen zur Demokratisierung des Landes an. Mit dem Ende der Einheitspartei gibt er zwar den Weg für eine Übergangsregierung frei, doch die Berufung mehrere Regierungschefs gerät zur Farce.

Als sich 230 Parteien für die Allgemeine Wahl, die 1992 stattfinden soll, konsolidieren, wird eine überparteiliche Nationale Konferenz einberufen, der man die Demokratisierung anvertraut. Etienne Tshisékédi wird Ministerpräsident eines Kabinetts aus Oppositionspolitikern, das aber Mobutu gegenüber, der alle Reformversuche blockiert, kaum Chancen hat. Als dieser 1993 trotz der Ablehnung der Regierung neue Banknoten ausgibt, kommt es zu blutigen Ausschreitungen. Während das Übergangsparlament den Präsidenten des Hochverrates beschuldigt und die westlichen Staaten den politischen Druck erhöhen, dreht Mobutu die Uhr zurück. Er setzt Tshisékédi ab und reaktiviert das alte Parlament, das einen Großteil der Reformen für aufgehoben erklärt. So wird Mobutu abermals zum Alleinherrscher.

1996 wird das Schicksalsjahr des Diktators. Zum einen werden Berichte über eine schwere Krankheit des Präsidenten bekannt. Zum anderen beginnt im Osten des Landes eine offene Rebellion. Der Anführer Laurent-Désiré Kabila wird zur Integrationsfigur des erfolgreichen Widerstands. Am 16. Mai 1997 legt Mobutu die Regierungsgeschäfte aus, wie es offiziell heißt, gesundheitlichen Gründen nieder und flieht nach Marokko, wo er am 7. September 1997 stirbt.

Politischer Ziehsohn des „weisen alten Mannes" Kenyatta
Daniel Arap Moi

Daniel Arap Moi gehörte zur Gründergeneration des kenianischen Staates. Von Anfang an bekleidete er Ministerposten in den verschiedenen Regierungen unter dem angesehenen ersten Staatspräsidenten Kenyatta. Seine Nachfolge in diesem Amt 1978 war unumstritten. Moi setzte erst die Politik seines Vorgängers fort, ergriff aber bald auch diktatorische Maßnahmen zur Unterdrückung von Gegnern.

Daniel Arap Moi
Daten und Fakten

1924	* in Sacho
1966	Moi wird Parlamentsmitglied
1967	Moi wird Vizepräsident
1978	Moi wird als Staatspräsident bestätigt
1982	Kenia wird offiziell Einparteienstaat
1991	Demokratisierung auf internationalen Druck hin

Nach seiner Vereidigung zum Vizepräsidenten Kenias zeigt sich Daniel Arap Moi einer jubelnden Menschenmenge.

Moi wird 1924 als Sohn eines Kleinbauern in Sacho, Nordwestkenia, geboren. Er gehört dem kleinen Stamm der Tugen an. Moi besucht die Missionsschule in Kabartonjo und die Schule der Africa Inland Mission International in Kapsabet. Im selben Ort wird er von 1943 bis 1945 an der African School zum Lehrer ausgebildet. Nach fast vier Jahren als Lehrer an seiner alten Schule, unterrichtet Moi von 1948 bis 1954 als Dozent an der Tambach Teacher Training School in Kabernet.

In dieser Zeit engagiert er sich schon für die Unabhängigkeitsbewegung Mau-Mau unter dem späteren ersten Staatspräsidenten Jomo Kenyatta. 1955 wird Moi als einer von sechs Afrikanern zum Mitglied des Legislativrates der Kolonie gewählt, dem er bis zum Jahr der Unabhängigkeit 1963 angehört. Danach ist er Abgeordneter des Repräsentantenhauses und nach der Verfassungsreform 1966 Mitglied der Nationalversammlung, dem kenianischen Parlament.

Mitte der 60er Jahre ist Kenia faktisch ein Einparteienstaat unter der Herrschaft der KANU (Kenyan African National Union), deren Flügel aber durchaus offene politische Auseinandersetzungen führen. 1960 hatte Moi noch den Vorsitz der KADU (Kenya African Democratic Union) übernommen. Diese geht in der ersten, noch unter der Hoheit der britischen Kolonialmacht stehenden Regierung 1961 eine Koalition mit der von Kenyatta gegründeten KANU ein. Dieser Regierung gehört Moi 1961 bis 1962 als Erziehungsminister an, 1962 bis 1964 als Minister für innere Selbstverwaltung.

1964 schließt sich Moi der regierenden KANU an. Im selben Jahr von Kenyatta zum Innenminister ernannt, hält er dieses Amt bis 1978. 1967 wird Moi auch kenianischer Vizepräsident. Nach dem Tod Kenyattas rückt er verfassungsgemäß in dessen Amt nach und wird bei den Wahlen im November 1978 als Staatspräsident bestätigt. Zugleich übernimmt er auch den Vorsitz der KANU.

Kenia unter Kenyatta: Afrikanischer „Vorzeigestaat"

Dem „alten, weisen Mann" und international anerkannten Staatsmann Kenyatta war es gelungen, einen pro-westlichen, demokratienahen Staat zu etablieren, der es vor allem verstand, durch kluge Politik die potenziell explosiven Rivalitäten der verschiedenen Stämme auszugleichen. Die Befürchtungen, es könne nach dem Tod Kenyattas zu einem Bürgerkrieg zwischen den Luo und den Kikuyu kommen, stellen sich beim

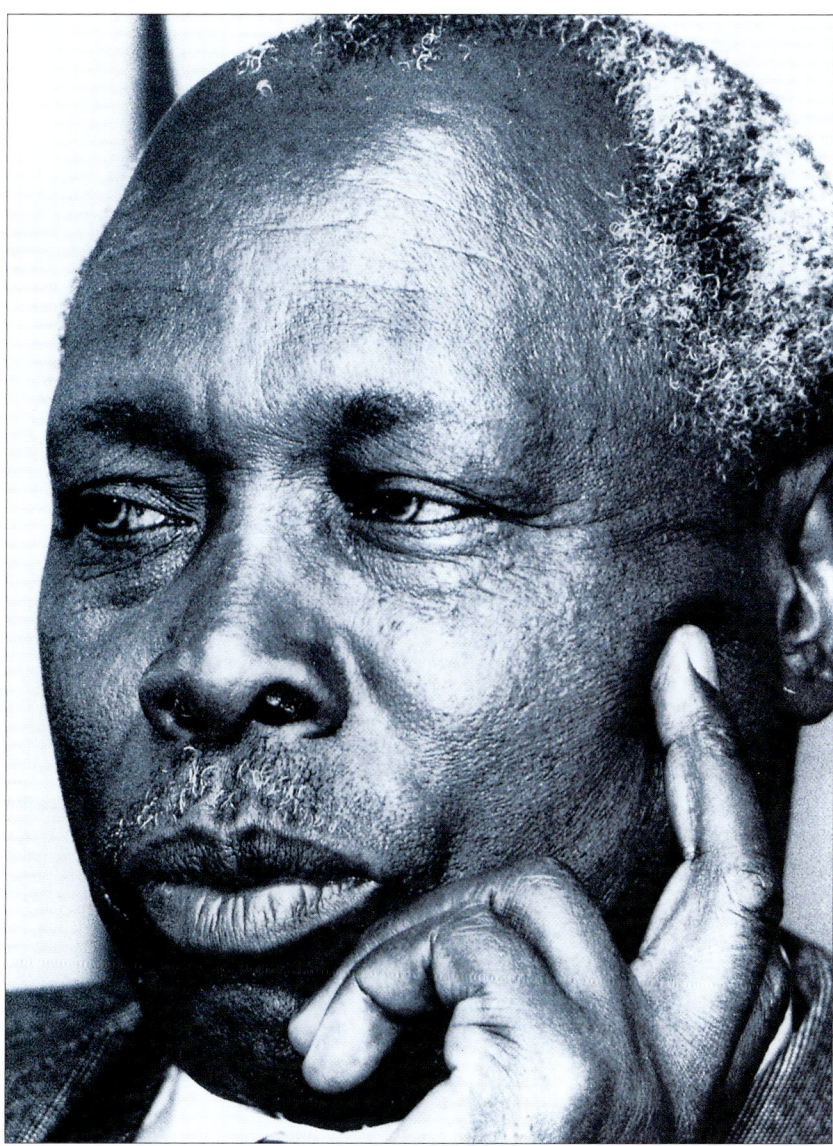

Der Alleinherrscher in nachdenklicher Pose. Korruption, Arbeitslosigkeit, Armut und ethnische Konflikte gehören zu den drängendsten Problemen Kenias.

Verhaftung, politisch Andersdenkenden drohen schwere Repressalien bis hin zur Ermordung. Dabei scheinen auch Regierungsmitglieder Drahtzieher von mysteriösen Todesfällen von Regimekritikern zu sein. Auch die katholische Kirche prangert die totalitären Maßnahmen Mois immer wieder an.

Ende 1991 stellen die wichtigsten Kreditinstitute der Welt sowie einige westliche Staaten ihre Wirtschaftshilfe für Kenia ein. Damit will man die Regierung Moi zu politischen und wirtschaftlichen Reformen zwingen. Der innen- und vor allem außenpolitische Druck hat Erfolg. Anfang der 90er Jahre werden Oppositionsparteien wieder zugelassen, und im Dezember 1992 kommt es zu den ersten Mehrparteienwahlen seit 26 Jahren. Moi und die KANU gewinnen mit großer Mehrheit. Sämtliche Parteien hatten dabei Stammesloyalitäten in den Vordergrund gerückt.

In der Folge kommt es zu einem Sturm ethnischer Gewalt, unter dem die früher privilegierten Kikuyu am meisten zu leiden haben. Bis Mitte der 90er Jahre werden Zehntausende aus ihren Häusern vertrieben und Hunderte getötet. Gleichzeitig wird die Verfolgung von Oppositionellen wieder aufgenommen.

Kampf der Korruption

Auf Betreiben der Weltbank muss sich das Land in dieser Zeit harten Wirtschaftsreformen unterziehen, zu denen auch ein Durchgreifen gegen die grassierende Korruption gehört. Die Maßnahmen führen zu einer erhöhten Inflationsrate, zu höherer Arbeitslosigkeit und massiven Einschnitten bei den staatlichen Sozialleistungen. Im Februar 1996 vereinbaren Kenia, Uganda und Tansania die Neugründung der 1977 zerbrochenen Ostafrikanischen Gemeinschaft (OAU). Staatsoberhaupt Daniel Arap Moi wird bei den Präsidentschaftswahlen vom Dezember 1997 erneut im Amt bestätigt. Im Wahlkampf hatte Moi versprochen, die grassierenden Probleme des Landes zu lösen: Arbeitslosigkeit, Armut und Korruption sollten mit allen Mitteln bekämpft werden. Doch dies wird dem inzwischen demokratisch legitimierten Diktator schwer fallen. Auch der ethnische Konflikt zwischen den Kikuyu und den Mija-Kenda bedroht den inneren Frieden des Landes.

In den über 20 Jahren seiner Herrschaft gehört Moi zu den gemäßigten Diktatoren Schwarzafrikas. Seine undemokratischen Methoden entspringen wohl weniger persönlichen oder gar pathologischen Machtinteressen, sondern eher dem Ziel der Stabilität eines willkürlich aus heterogenen und rivalisierenden Stämmen zusammengesetzten Staatsgebildes.

Amtsantritt Mois aber als unbegründet heraus. Er führt zunächst den gemäßigten politischen und wirtschaftlichen Kurs fort.

Im Juni 1982 erklärt er Kenia allerdings offiziell zum Einparteienstaat. Zwei Monate später wird ein von der Luftwaffe ausgeführter Staatsstreich durch loyale Truppen niedergeschlagen. Im Lauf der 80er Jahre gerät die Regierung sowohl innerhalb als auch von außerhalb des Landes immer mehr in die Kritik. Viele der führenden Kritiker Mois werden inhaftiert. Er beherrscht das Land diktatorisch und schreckt auch vor terroristischen Mitteln bei der Verfolgung seiner Gegner nicht zurück.

Das „Jahr des Dramas"

Die Abschaffung des Einparteienstaates lehnt Moi strikt ab. Ein Mehrparteiensystem im Vielvölkerstaat Kenia würde seiner Meinung nach Chaos und Zerfall nach sich ziehen. Im Jahr 1990 zieht Moi in den „totalen Krieg" gegen Regimegegner. Niemand ist mehr sicher vor willkürlicher

Vom Befreier zum Unterdrücker
Robert Mugabe

Lange feierte man Robert Mugabe, den Präsidenten von Simbabwe, nicht nur im eigenen Land als Freiheitsheld, der den Kolonialismus besiegt hatte. Nach zwanzigjähriger Herrschaft hat sich das Bild Mugabes, der einst für seine besonnene Politik gelobt wurde, jedoch grundlegend gewandelt. Er entpuppte sich als ein skrupelloser Diktator, der zum Erhalt der eigenen Macht vor nichts zurückschreckte.

Robert Mugabe
Daten und Fakten

1924	* in Kutama
1964	Britische Kolonialbehörden verurteilen Mugabe zu zehn Jahren Haft
1975	Mitbegründer der „Patriotic Front"
1980	Mugabe gewinnt bei den Wahlen und wird Premierminister
1982	Beginn der Verfolgung von Oppositionellen
2000	Volksbefragung zur Enteignung der weißen Farmer

Als Robert Mugabe am 21. Februar 1924 in der katholischen Missionsstation Kutama im Süden Rhodesiens zur Welt kommt, ist seine Heimat noch Teil des britischen Kolonialreichs. Wie drei Viertel der Bewohner Rhodesiens gehört er dem Stamm der Shona an. In einer katholischen Missionsschule bereits zum Lehrer ausgebildet, studiert Mugabe in Südafrika Philosophie, Geschichte, Englisch und Wirtschaftswissenschaften, anschließend Rechtswissenschaften in London. Nach einer Lehrertätigkeit in verschiedenen Orten des südlichen Afrikas und zuletzt in Ghana kehrt Mugabe 1960 nach Rhodesien zurück.

Im Jahr 1963 unterstützt er den schwarzen Pfarrer Ndabaningi Sithole bei der Gründung der „Zimbabwe African National Union" (ZANU), der Nachfolgepartei der verbotenen „Zimbabwe African People's Union" (ZAPU) des Joshua Nkomo. Wegen subversiver Reden wird Mugabe 1964 von den britischen Kolonialbehörden zu zehn Jahren Haft verurteilt, die ZANU wird verboten.

Lieber Unabhängigkeit als schwarze Regierungsbeteiligung

Am 11. November 1965 erklärt der weiße Ministerpräsident Ian Smith die Unabhängigkeit Rhodesiens von Großbritannien, das auf einer Machtbeteiligung der schwarzen Bevölkerungsmehrheit besteht. Auch Embargomaßnahmen und internationaler Druck bewegen Smith nicht zum Einlenken. Zusammen mit Joshua Nkomo gründet Mugabe im Jahr 1975 die „Patriotic Front" (PF), die einen Guerillakrieg gegen die rhodesische Regierung führt. Innerhalb der PF kommt es jedoch immer wieder zu Konflikten zwischen der von den Shoa dominierten ZANU Robert Mugabes und der aus dem Minderheitsvolk der Ndebele gebildeten ZAPU von Joshua Nkomo.

Im September 1979 beginnen in London Verhandlungen über die Zukunft Rhodesiens, an der auch Mugabe und Nkomo teilnehmen. Das Ergebnis ist ein Waffenstillstand zwischen PF-Guerillas und den rhodesischen Regierungstruppen. Der Bürgerkrieg hat an die 30 000 Menschen das Leben gekostet. Aus den für den 27. bis 29. Februar 1980 angesetzten Wahlen geht Mugabe als eindeutiger Sieger hervor. Am 11. März bildet er eine Koalitionsregierung mit dem unterlegenen Kandidaten Nkomo. Mugabe übernimmt das Amt des Premierministers und des Verteidigungsministers, später folgen noch die Ressorts Industrie und Technologie sowie Öffentliche Arbeiten. Am 18. April wird Rhodesien unter dem neuen Namen Simbabwe unabhängig.

Innenpolitisch betreibt Mugabe zunächst eine Politik der Versöhnung. Er überträgt wirtschaftspolitische Schlüsselpositionen in seiner Regierung an zwei Weiße. Um das Los der schwarzen Bevölkerung zu verbessern, ordnet er Lohnerhöhungen an, baut das Sozialwesen aus und hält die Lebensmittelpreise mit Hilfe staatlicher Subventionen niedrig. Im Februar 1982 entlässt Mugabe Nkomo wegen angeblicher Verschwörung aus der Regierung und beginnt mit der Verfolgung Oppositioneller. Seine in Nordkorea ausgebildeten Shona-Kämpfer richten unter den Nkomo-Anhängern im Matabeleland der Ndebele ein Massaker an. Diesem fallen 20 000 Menschen zum Opfer. Im August 1984 lässt sich Mugabe von seiner ZANU-Partei nach kommunistischem Vorbild zum Vorsitzenden des Politbüros wählen. Er arbeitet von nun an auf die Etablierung eines Einparteienstaates hin.

1987 werden die den Weißen bislang garantierten 20 Sitze im Abgeordnetenhaus abgeschafft. Seit dem 31. Dezember 1987 ist Mugabe

Der Staatspräsident im Kreis seiner Generäle. Das Militär finanziert der Diktator mit horrenden Summen, während das Volk in Armut lebt.

hält ein Neffe den Millionenauftrag für den Neubau des Flughafens von Harare. Ein Schwager eignet sich die Gelder des Pensionsfonds für die Opfer des Befreiungskampfes an. Mugabes Frau Grace lässt sich mit den Geldern eines Fonds, der kleine Beamte beim Hausbau unterstützen soll, in Hahare einen Palast errichten.

Korruption und Willkürherrschaft haben die Niederlande dazu bewogen, sämtliche Entwicklungshilfeprojekte in Simbabwe einzustellen. Bei den für den 24. und 25. Juni 2000 angesetzten Wahlen muss Mugabe nun um seine Wiederwahl fürchten. Er treibt daher die seit zwanzig Jahren versprochene Landreform mit Gewalt voran. Eine Volksbefragung im Februar 2000 über die entschädigungslose Enteignung der weißen Farmer geht zu Gunsten der Farmer aus. Seither halten sogenannte Veteranen mehr als 1500 Farmen gewaltsam besetzt.

Einer der Farmer, dessen Land die Veteranen besetzt halten, ist der ehemalige rhodesische Ministerpräsident Ian Smith. Als Führer der weißen Farmer in Südrhodesien kämpft er seit 1961 gegen die Ansprüche der Schwarzen. Er proklamierte 1965 die Unabhgängigkeit von der kompromissbereiten Kolonialmacht Großbritannien, um die Schwarzen weiter von Macht und Besitz fern zu halten. Nach der Machtübernahme durch Mugabe bleibt Smith von jeglicher Strafverfolgung verschont. Er gehört bis 1987 sogar dem Parlament an. Bei den Wahlen am 24./25. Juni 2000 tritt er als Kandidat der United Democratic Front an, die auch von der prominenten Politikerin Lupi Mushayakarara, der Mitbegründerin der Nationalen Verfassungsversammlung, unterstützt wird.

Anfang April 2000 stimmt das Mugabe-hörige Parlament einer Verfassungsänderung zu. Diese sieht die entschädigungslose Enteignung der weißen Landbesitzer vor und verpflichtet die ehemalige Kolonialmacht Großbritannien zur Zahlung eines finanziellen Ausgleichs an die Weißen.

Die Veteranen ziehen mit Billigung des Präsidenten plündernd und mordend durchs Land. Sie gehen auch gegen die schwarzen Farmarbeiter mit äußerster Brutalität vor. Auch wer den ehemaligen Gewerkschaftsführer Morgan Tsvangirai und sein „Movement for a Democratic Change" (MDC), den aussichtsreichsten Gegenkandidaten Mugabes, unterstützt, muss um sein Leben fürchten.

Der Diktator verspricht indessen seinen Wählern, dass die landlosen Schwarzen direkt nach den Wahlen ehemals weiße Farmen in Besitz nehmen können. Gleichzeitig wird bekannt, dass bereits 250 dieser Farmen in den Besitz von Günstlingen Mugabes übergegangen sind.

Staatsoberhaupt, Premierminister und Oberbefehlshaber der Streitkräfte in Personalunion. Zehn Jahre später ist das einst blühende afrikanische Musterland wirtschaftlich ruiniert. Die Inflation liegt bei 70 Prozent, Arbeitslosigkeit und Armut steigen ins Unermessliche. Besonders augenfällig ist das im vom Mugabe-Regime vorsätzlich vernachlässigten Matabeleland der Ndebele-Minderheit.

Kein Geld für die Armen, nur für den Krieg

Nach dem Vorbild anderer afrikanischer Diktatoren finanziert Mugabe seine Ausgaben aus dem Erlös der Diamantenminen des Landes. Eine halbe Million Dollar pro Tag kostet seit 1999 allein der Krieg im Kongo, wo die Armee des Diktators den selbst ernannten Präsidenten Kabila unterstützt. Zwei Journalisten, die Anfang 2000 über die Kriegsmüdigkeit der simbabwischen Truppen berichten, lässt Mugabe schwer foltern. Jegliche Kritik wird brutal unterdrückt, die Unzufriedenheit im Volk wächst ständig. Ein Grund dafür sind die ausufernde Korruption und die Tatsache, dass sich Mugabes Familienmitglieder und Freunde aus den Staatskassen bereichern. So er-

Begründer des Faschismus in Italien
Benito Mussolini

Neben dem Kommunismus prägte keine andere Ideologie das 20. Jahrhundert so wie der Faschismus mit seiner schlimmsten Ausformung, dem Nationalsozialismus. Der Begriff „Faschismus" leitet sich vom lateinischen „fasces" her, den Rutenbündeln mit dem Beil, im antiken Rom Symbol für Amtsgewalt und Staatsmacht. Ein Hauptmerkmal des Faschismus ist ein übersteigerter, die Massen über alle Klassenschranken hinweg mobilisierender extremer Nationalismus. Ferner galt das Führerprinzip, eine autoritär geführte Einheitspartei sowie die gewaltsame Durchsetzung der innen- und außenpolitischen Ziele. Der erste, der dies alles in die Praxis umsetzte, war der italienische Diktator Benito Mussolini.

Benito Mussolini
Daten und Fakten

1883	* in Predappio
1912	Mussolini stürzt die Führung des PSI und wird ihr Vorsitzender
1921	Mussolini gründet den „Partitio Nazionale Fascista"
1943	Mussolini übernimmt Hitlers Rassengesetze
1945	† (Hinrichtung)

Nach dem Ersten Weltkrieg gibt es nicht nur in Italien und Deutschland faschistische Bewegungen und Regierungen. Ähnliche und teilweise auch antisemitische Ideologien vertreten die Action Francaise in Frankreich, die British Union of Fascists des Sir Oswald Morsley in England, die Falange-Bewegung Francos in Spanien, die Nationale Union in Portugal, die Pfeilkreuzler in Ungarn, die Eiserne Garde in Rumänien und die Österreichische Heimwehr. Im Falle Portugals und Spaniens dauert die Herrschaft der faschistischen Parteien bis in die 70er Jahre. Griechenland erlebt noch von 1968 bis 1974 das Zwischenspiel einer faschistischen Diktatur.

Der italienische Diktator Benito Mussolini wird am 29. Juli 1883 im mittelitalienischen Predappio in der Provinz Forli als Sohn eines Schmiedes und engagierten Sozialisten geboren. Als Benito im Alter von 18 Jahren sein Volksschullehrerdiplom erwirbt, ist er bereits seit einem Jahr Mitglied der Sozialistischen Partei Italiens (PSI). Dem Militärdienst entgeht er durch die Emigration in die Schweiz, wo er in italienischen und russischen Sozialistenkreisen verkehrt und sich politisch weiterbildet. 1904 weist die Schweiz ihn in seine Heimat aus. Dort leistet Mussolini in den beiden folgenden Jahren seinen Militärdienst ab und ist anschließend als Lehrer und linker Publizist tätig.

Der junge Mussolini: Sozialist oder Nationalsozialist?

Im Jahr 1908 agitiert er im österreichischen Trentino für den Sozialismus, aber auch für die nationalistische Irridenta-Bewegung. Auch Österreich ordnet seine Ausreise an, so kehrt er 1909 nach Forli zurück, baut dort die PSI auf und gründet die Zeitschrift „Klassenkampf". Wegen sei-

Despoten unter sich: Mussolini und Hitler bei der Vier-Mächte-Konferenz am 30. September 1938 in München.

ner darin veröffentlichten Kritik am italienischen Kolonialkrieg in Libyen wird er 1911 für kurze Zeit in Haft genommen. 1912 stürzt er als Führer des revolutionären, internationalistischen Flügels die bisherige Parteiführung der PSI. Als Chefredakteur des Parteiorgans „Avanti" vertritt er zunächst eine der sozialistischen Devise „Proletarier aller Länder, vereinigt Euch!" verpflichtete pazifistische Politik. Damit kann er die Auflage des Blattes innerhalb kurzer Zeit verdreifachen.

Kurz nach Beginn des Ersten Weltkriegs jedoch wandelt sich Mussolini zum Befürworter des Kriegseintritts Italiens auf der Seite Frankreichs und Englands. Dieser Sinneswandel hat seinen Ausschluss aus der PSI zur Folge. Daraufhin gründet er in Mailand seine eigene Zeitung „Il Popolo d'Italia", die er mit Geldern aus Industriellenkreisen finanziert. Bald wird diese zum nationalistischen Kampfblatt der faschistischen Bewegung. Beim Kriegseintritt Italiens im Jahr 1915 meldet er sich freiwillig, 1917 wird er nach einer Verwundung aus der Armee entlassen. In Mailand gründet er im März 1919 die politisch wenig erfolgreiche Bewegung „Fasci Italiani di Combattimento". Er bezeichnet sich jetzt als „autoritärer, aristokratischer Sozialist". Nach einem Rechtsruck hin zu Nationalismus, Antisozialismus und Antiliberalismus wird seine Partei 1921 in „Partito Nationale Fascista" umbenannt.

Mussolini tragt jetzt den Titel „Duce" („Führer"), seine martialisch auftretenden Anhänger tragen schwarze Uniformhemden und benutzen den „römischen Gruß". Noch im selben Jahr wird er mit weiteren 34 Parteimitgliedern in das römische Parlament gewählt. Auf den Straßen Italiens regiert unterdessen die Gewalt. Bei politisch motivierten Straßenschlachten tun sich Mussolinis Schwarzhemden besonders hervor. 3300 Menschen kommen dabei ums Leben. Während der Duce in Mailand abwartet, beschließen seine Kampfverbände, die sich als eine Art Ordnungsmacht verstehen, am 21./22. Oktober 1922 einen Marsch auf Rom. Ein Telegramm des besorgten Königs Victor Emanuel ruft Mussolini nach Rom. Dort erscheint er angetan mit Cutaway, Schwarzhemd, Melone und Gamaschen. Gerade erst dem Schlafwagen Mailand-Rom entstiegen, entschuldigt er seinen Aufzug dem König gegenüber mit der Behauptung, er komme gerade vom Schlachtfeld. Die Fotos, die den Duce beim später zum faschistischen Mythos stilisierten Marsch auf Rom in erster Reihe zeigen, wer-

An Militärparaden nimmt der kleingewachsene Mussolini gerne hoch zu Ross teil.

den eilends nachgestellt und an die Weltpresse weitergegeben.

Am 31. Oktober beruft König Victor Emanuel Mussolini zum Ministerpräsidenten. Sofort geht Mussolini eine Koalition mit den von Militär, Adel und Industrie gestützten konservativen Parteien ein und ist schon bald im Besitz aller staatlichen Schlüsselpositionen. Noch 1922 richtet er den Faschistischen Großrat ein, an dessen Spitze er selbst steht. Als der Sozialistenführer Giacomo Matteotti es zwei Jahre später wagt, im inzwischen mehrheitlich faschistischen Parlament Kritik zu üben, verschwindet er spurlos. Einige Monate später findet man seine Leiche, die Zeichen schwerster Folterungen aufweist.

Der Medien-Diktator

Im Jahr 1925 beginnt Mussolini mit der Ausschaltung aller nicht-faschistischen Parteien und Organisationen, politische Gegner wandern zu Tausenden in die Gefängnisse. Es entsteht eine Einparteiendiktatur, an deren Spitze der sich immer mehr in martialischer Heldenpose gefallende Duce steht. Als erster Politiker nutzt der kleingewachsene und zur Korpulenz neigende Duce bewusst das neue Medium Film. Das Kinn stets steil nach oben gereckt, die linke Hand energisch in die Hüften gestemmt, setzt er sich als starker Mann in Szene. In den Wochenschauen können ihn seine Landsleute in heldenhaften Posen bestaunen, mal in prächtigen Uniformen, mal hoch zu Ross oder zur Erntezeit mit nacktem Oberkörper als erdigen Landmann.

Seit 1926 ist Mussolini zugleich Regierungschef, Vorsitzender des Faschistischen Großrats und Chef der Miliz. Seinem außenpolitischen Ziel, Italien zur führenden Macht im Mittelmeerraum und im Norden Afrikas zu machen und den Kolonialbesitz zu vergrößern, dient die Eroberung Äthiopiens in den Jahren 1935 und

1936 lässt sich Mussolini bei einem Manöver der italienischen Armee das Funkgerät einer Fernmeldeeinheit erklären.

Seit Mitte 1936 unterstützen Hitler und Mussolini im Spanischen Bürgerkrieg gemeinsam den faschistischen General Franco. Im Oktober 1936 begründen die beiden die Achse Berlin-Rom, die 1939 zum Stahlpakt und 1940 unter Einbeziehung Japans zum Dreimächtepakt verfestigt wird. Da Italien zusehends in Abhängigkeit des erstarkenden Deutschlands gerät, muss Mussolini im März 1938 den ihm zutiefst widerstrebenden „Anschluss" Österreichs hinnehmen. Im Oktober ist er dabei, als Hitler im Münchner Abkommen die Angliederung des Sudetenlandes an das Deutsche Reich durchsetzt. Im Jahr 1943 übernimmt Mussolini, der den nazistischen Rassenwahn bis dahin abschätzig als „etwas für Pferdezüchter" bezeichnet hat, Hitlers „Rassengesetze". Seither unterstützt er die Massendeportationen italienischer Juden in die deutschen Vernichtungslager.

Bei Ausbruch des Zweiten Weltkriegs bleibt Italien, dessen Truppen im Mai 1939 Albanien besetzt haben, zunächst neutral. Am 10. Juli 1940 erklärt das Land an der Seite Deutschlands England und Frankreich den Krieg, ein Jahr später auch der Sowjetunion und den USA. Militärische Niederlagen, eine wachsende Opposition im Lande und die Landung der Alliierten in Süditalien führen am 24. Juli 1943 im Faschistischen Großrat zu einem Misstrauensvotum gegen Mussolini. Am 25. Juli erklärt König Victor Emanuel den Duce für abgesetzt und Marschall Badoglio zu seinem Nachfolger. Mussolini wird verhaftet und in einem Berghotel auf dem Gran Sasso-Massiv in den Abruzzen festgesetzt. Am 12. September befreien ihn deutsche Fallschirmjäger in einer spektakulären Aktion.

Am 15. September gründet Mussolini in Salò am Gardasee, das im noch von den Deutschen besetzten Norditalien liegt, die „Soziale Republik Italien" mit einem faschistischen Regime von Hitlers Gnaden. Seinen ehemaligen Außenminister und Schwiegersohn Graf Galeazzo Ciano, der im Faschistischen Großrat für seine Absetzung gestimmt hat, lässt Mussolini von einem Femegericht zum Tode verurteilen und am 11. Januar 1944 erschießen.

Nach dem Zusammenbruch der deutschen Front in Italien im April 1945 versucht Mussolini zusammen mit seiner Geliebten Clara Patacci in die Schweiz zu fliehen. In dem Ort Dongo am Comer See werden sie am 27. April 1945 erkannt, von Partisanen gefangen genommen und nach der mehrfachen Vergewaltigung Clara Petaccis am nächsten Tag erschossen. Ihre Leichen werden nach Mailand transportiert und dort am Dach einer Tankstelle mit dem Kopf nach unten aufgehängt.

Er setzte Gesten, Posen und Rhetorik stets bewusst ein. Hier steht der „Duce" scheinbar überlebensgroß vor seinen Zuhörern.

1936. Die daraufhin vom Völkerbund verhängten Sanktionen gegen Italien bewirken eine Annäherung an Hitler-Deutschland.

Brandstifter auf dem Thron
Kaiser Nero

Obwohl sich auch seine kaiserlichen Vorgänger Caligula und Claudius durch bizarre Grausamkeiten hervortun, gilt der römische Kaiser Nero bis heute als das Sinnbild eines dem Wahnsinn verfallenen, gnadenlos mordenden Tyrannen. Dabei reduziert sich die Erinnerung an ihn bis heute vor allem auf den Brand von Rom und die erste Christenverfolgung.

Bei seiner Geburt im Jahr 37 n. Chr. ist Nero, mütterlicherseits ein Urenkel von Kaiser Augustus und väterlicherseits ein Nachfahre von dessen Schwester Octavia, nur einer von mehreren möglichen Thronanwärtern. Als sein Onkel Kaiser Caligula im Jahr 41 von Mitgliedern der Prätorianer-Garde ermordet wird, wird sein Großonkel Claudius zum neuen Kaiser ausgerufen.

Neros verwitwete Mutter Agrippina, die alles daransetzt, ihren Sohn zum Thronfolger zu machen, bringt den Kaiser dazu, sie zu heiraten. Bald darauf setzt sie durch, dass Claudius Nero adoptiert und ihm seine Tochter Octavia zur Frau gibt. Alle, die ihren ehrgeizigen Plänen im Wege stehen, lässt Agrippina rücksichtslos beseitigen. Am 13. Oktober 54 stirbt auch Kaiser Claudius plötzlich, angeblich an einer Pilzvergiftung. Die Prätorianer rufen daraufhin den erst 17 Jahre alten Nero zu dessen Nachfolger aus.

In seinen ersten fünf Regierungsjahren betreibt der junge Kaiser eine umsichtige Politik, die ganz im Zeichen der von seinem Lehrer und Berater, dem Philosophen Seneca, geforderten Milde steht. Beim römischen Volk macht sich Nero durch großzügige Lebensmittelspenden und das Veranstalten blutiger Gladiatorenkämpfe, die er selbst jedoch verabscheut, beliebt. Die Aristokraten im Senat zieht er durch Ehrenbezeugungen und großzügige Geldgeschenke auf seine Seite.

Der Muttermörder

Er ist sich des Rückhaltes aller römischen Schichten so gewiss, dass er im Frühjahr 59 den ersten Mord durchführen lässt. Ziel des Anschlags, ist seine machtgierige Mutter Agrippina. Nero lädt sie zu einem Fest an der Küste ein, zu dessen Abschluss Agrippina sich auf ein Schiff begibt. Eine Kabine hat Nero so präparieren lassen, dass ihre Balken einstürzen und seine Mutter erschlagen sollen. Wider Erwarten überlebt Agrippina den Anschlag. Einigen ihm besonders ergebenen Angehörigen der Marine gibt er den Befehl, seine Mutter mit Knüppeln totzuschlagen und anschließend zu verscharren. Jetzt kann sich Nero endlich seiner, wie er glaubt, „wahren Bestimmung" widmen.

Der Kaiser, der sich schon lange für einen begnadeten Künstler hält, lässt sich nun in öffentlichen Auftritten als Schauspieler, Sänger, Kitharaspieler und Dichter feiern. Seinen sportlichen Ehrgeiz lebt Nero in Wagenrennen aus, aus denen er stets als glänzender Sieger hervorgeht. Bei seinen Auftritten Langeweile oder gar Miss-

Ohne sichtbare Anteilnahme signalisiert Nero im Circus durch den nach unten gerichteten Daumen, dass der unterlegene Gladiator getötet werden soll.

Seite 86:
Die grausamen Auswüchse der Christenverfolgung: Im Kolosseum von Rom werden wilde Tiere auf Anhänger des neuen Glaubens gehetzt.

fallen zu zeigen, kann dabei für die Zuschauer tödliche Folgen haben. Der Applaus des eingeschüchterten Publikums beflügelt den Kaiser in seinem wachsenden Größenwahn. Seine politische Macht sichert er durch Morde an seinen Verwandten und sämtlichen Nachfahren des Kaisers Augustus, darunter auch an seiner Gemahlin Octavia. Auch andere Aristokraten, die ihm gefährlich werden könnten, lässt er töten oder zwingt sie zum Selbstmord. Seine zahllosen Untaten und seine immer absurder erscheinenden öffentlichen Darbietungen führen die Bewohner Roms zu der Überzeugung, dass ihr Kaiser zu jeder Schandtat fähig ist.

Der Brand von Rom

So halten ihn viele für den Urheber des verheerenden Brandes vom 18./19. Juli 64, der große Teile der Stadt zerstört. Für Neros architektonische Pläne erweist sich der Brand Roms nämlich als Glücksfall. Auf dem Areal der in Flammen aufgegangenen Stadtbezirke lässt er die riesige Palastanlage „Domus Aurea" (Goldenes Haus) errichten, was den Gerüchten um den kaiserlichen Brandstifter neue Nahrung gibt.

Der wachsende Unmut der Bevölkerung gegen Nero gipfelt im Jahre 65 in der Pisonischen Verschwörung, die allerdings auf Grund der di-

lettantischen Vorbereitung scheitert. Die Verschwörung gibt Nero Anlass zu weiteren zahlreichen Todesurteilen. Seinem mit den Verschwörern nur flüchtig bekannten Lehrer Seneca befiehlt Nero den Selbstmord.

Das unrühmliche Ende

Auf dem Rückweg von einem fast einjährigem Aufenthalt in Griechenland erreicht ihn am 20. März 68 in Neapel die Nachricht eines Truppenaufstands in Gallien. Am 2. April rufen die römischen Truppen in Spanien ihren Heerführer Galba zum Kaiser aus.

Nero, inzwischen von allen verlassen, wird zum Tode verurteilt. Eilends begibt er sich auf das Landgut eines letzten Getreuen. Dort kann er sich selbst zunächst nicht zum Selbstmord durchringen. Ein Prätorianer muss ihm helfen, den Dolch an die Kehle zu setzen. Dem Kaiser des Römischen Weltreiches gelingt es im Angesicht des Todes nicht, die vom römischen Ehrenkodex geforderte Würde und philosophische Gelassenheit aufzubringen, die viele seiner Opfer, allen voran Seneca, in ihren letzten Stunden so vorbildlich bewiesen haben. In der antiken Welt, in der es eine „Kunst des Sterbens" gibt, um die man sich zu bemühen hat, gilt dies als eine besondere Schmach.

Märchenhafter Prunk in Persien
Mohammed Resa Pahlawi

Mohammed Resa Pahlawi wurde 1941 unter dem Einfluss der Alliierten als Schah des Iran inthronisiert. In den 38 Jahren seiner Herrschaft öffnete er den Iran westlichen Lebensweisen und nutzte das in den 70er Jahren drastisch steigende Einkommen aus der Erdölförderung für ehrgeizige Aufrüstungs- und Industrialisierungsprojekte sowie bedeutende internationale Unternehmensbeteiligungen. Sein Regime scheiterte schließlich an der Opposition der islamischen Geistlichkeit und am Massenaufstand der Armen.

Mohammed Resa Pahlawi
Daten und Fakten

1919	* in Teheran
1941	Pahlawi wird Schah des Iran
1963	Pahlawi veranlasst eine Bodenreform
1978	Unruhen und Massenaufstände im Iran
1979	Pahlawi muss ins Exil flüchten
1980	† in Kairo

Pahlawi wird 1919 als Sohn eines Offiziers in Teheran geboren. Sein Vater stürzt sechs Jahre später die Herrscherdynastie und reisst die Macht im Iran an sich. Pahlawi erhält seine Erziehung und Schulbildung in der Schweiz. 1941 marschieren alliierte britische und sowjetische Truppen in den Iran ein und zwingen den mit Deutschland sympathisierenden Vater zum Rücktritt. Pahlawi tritt im Alter von nur 22 Jahren seine Nachfolge an. Nach Weltkriegsende und Abzug der Alliierten gelingt es dem jungen Schah, seine Macht aus eigener Kraft gegen oppositionelle Interessen zu stabilisieren.

Widerstand gegen die Verwestlichung

Dennoch ist seine ganze Regierungszeit von Aufständen, Protestaktionen und Attentaten durchzogen, denen er mit diktatorischer Härte, Folter und Hinrichtungen begegnet. Die Widerstandsaktionen richten sich in zunehmendem Maß gegen den Schah als Repräsentanten westlicher Dominanz und liberaler Lebensweisen, aber auch gegen seine Verschwendungs- und Prunksucht, deren pompöse Inszenierung ihn auch zu einem Mittelpunkt der internationalen Regenbogenpresse macht.

Trotzdem ist der Schah auch ein politischer Herrscher. Anfang der 50er Jahre leitet er gesellschaftliche und wirtschaftliche Reformen ein. 1963 lässt er eine Bodenreform durch Referendum billigen. Pahlawi verstaatlicht unter anderem die Forsten, beteiligt die Arbeiter am Unternehmensgewinn, bekämpft das Analphabetentum, setzt die gesetzliche Gleichberechtigung der Frau und Ansätze einer staatlichen Alterssicherung durch. Grundlage dieser „Revolution von oben" ist die Proklamation einer „Großen Zivilisation" in Erinnerung an das altpersische Kaiserreich, in dessen 2000-jährige monarchische Tradition Pahlawi seine Herrschaft stellt.

Der Schah mit seiner dritten Frau Farah Dibah in prunkvollem Ornat. Sie schenkte ihm am 31. Oktober 1960 den lang ersehnten Thronfolger.

Am liebsten sah sich der persische Kaiser in Gala-Uniform.

Er will das rückständige Entwicklungsland innerhalb einer Generation zur Industrie- und Militärweltmacht machen. Nachdem 1971 den Ölförderstaaten eine Kartellbildung gelingt, kann der Schah bedeutende Geldmittel in die Aufrüstung seiner Armee, in Auslandsbeteiligungen und in Modernisierungs- sowie Infrastrukturprojekte investieren. Aber der Großteil der Bevölkerung bleibt von den Veränderungen unberührt. Westliche Einflüsse stoßen zunehmend auf Ablehnung. Die islamisch-schiitische Geistlichkeit findet mit ihrer Kritik immer mehr Zustimmung. Der sunnitische Schah und sein korrupter und verschwendungssüchtiger Anhang ziehen sich den Hass der Bevölkerung zu.

Als das Ölkartell Mitte der 70er Jahre bröckelt und somit die Preise und Erlöse sinken, kommt es zur Wirtschaftskrise. Diese löst Unruhen in der Bevölkerung aus, die den religiös-kulturellen Gegensatz zwischen dem prowestlichen Schahregime und der schiitischen Mehrheit der Bevölkerung in aller Schärfe deutlich machen. Die historisch-politische Herrschaftsidee, die 1976 in der Umstellung des iranischen Kalenders auf eine mit dem altpersischen Herrscher Cyrus dem Großen 559 v. Chr. beginnende Zeitrechnung gipfelt, bricht zusammen. Übrig bleibt der nackte Terror des diktatorischen Regimes gegen die verarmte und aufbegehrende Bevölkerung.

Das ganze Jahr 1978 über nehmen Unruhen, Aktionen und Streiks immer mehr zu. Der Schah entlässt Politiker als Sündenböcke, macht Zugeständnisse wie die Rücknahme der Kalenderreform oder das Verbot von Spielkasinos und Glücksspiel, aber er kann den Lauf der Ereignisse nicht mehr aufhalten. Ein Aufruf zum Generalstreik am 8. September 1978 wird weitgehend befolgt. Pahlawi verhängt das Kriegsrecht. Bei einer Massendemonstration am 9. September werden fast tausend Menschen erschossen. Am 10. Dezember demonstrieren Millionen Menschen im ganzen Land gegen das Regime. Am 16. Januar 1979 verlässt der Schah mit seiner Familie das Land. Die islamische Revolution hat gesiegt.

Der Schah findet in den letzten zwei Jahren seines Lebens kein ruhiges Exil. Die neuen Machthaber üben bedenkenlos politischen Druck auf die jeweiligen Zufluchtsländer aus. Besonders dramatisch ist die Besetzung der US-Botschaft mit Geiselnahme während eines Krankenhausaufenthalts Pahlawis in den USA. Am 27. Juli 1980 stirbt der Schah in Kairo an den Folgen einer Krebserkrankung.

Mit Evita an die Macht
Juan Domingo Perón

Perón war eine der bemerkenswertesten lateinamerikanischen Persönlichkeiten des 20. Jahrhunderts. Er veränderte die Politik Argentiniens tiefgreifend. Sein Versuch, für Argentinien einen dritten Weg zwischen den bestimmenden Ideologien des 20. Jahrhunderts Kapitalismus und Sozialismus zu finden, scheiterte an der Realpolitik. Der Peronismus wurde aber zur großen, nationale Identität stiftenden Bewegung Argentiniens.

Juan Domingo Perón
Daten und Fakten

1895	* in Lobos
1943	Mit anderen Offizieren unternimmt Perón einen Staatsstreich
1945	Perón wird kurzzeitig abgesetzt und festgenommen
1946	Perón wird zum Präsidenten gewählt
1955	Perón wird durch die Armee gestürzt und geht ins Exil nach Spanien
1973	Perón kehrt nach Argentinien zurück und wird erneut Präsident
1974	†

Perón wird am 8. Oktober 1895 in Lobos in der Provinz Buenos Aires geboren. Er besucht vor und nach dem polytechnischen Studium Militärschulen. 1930 beteiligt er sich an einem Militäraufstand gegen Präsident Hipólito Irigoyen und ist anschließend Privatsekretär des Kriegsministers (1930-1935). Seine Offizierskarriere führt ihn zwischen 1936 und 1939 als Militärattaché nach Chile, Italien und Deutschland. Bei seiner Rückkehr nach Argentinien im Jahr 1941 schließt sich Perón, beeinflusst vom Gedankengut des italienischen Faschismus, mit anderen Offizieren in einer Geheimloge zusammen, die im Juni 1943 einen erfolgreichen Staatsstreich unternimmt.

Perón übernimmt in der Militärregierung das Arbeitsministerium und beginnt mit der Neuorientierung der Arbeiterbewegung, indem er den Einfluss der linken Parteien schwächt, neue Gesetze einführt und neue Gewerkschaften gründet.

Ziel seiner Politik ist die Kanalisierung und Organisierung der Arbeiterbewegung unter dem Dach der Gewerkschaft Confederación General del Trabajo. Diese wird die Keimzelle der peronistischen Bewegung. Seine Politik stellt die Arbeiter und die Besitzlosen zum ersten Mal in der Geschichte Argentiniens in den Mittelpunkt nationalstaatlicher Bemühungen. Die Verbindung von Nationalismus und Sozialstaatspolitik übt aus diesem Grund eine geradezu magische Anziehungskraft auf die Arbeiterbewegung aus. In ihr findet Perón schnell stark wachsende Unterstützung.

Seine Macht wächst – er wird Vizepräsident und Kriegsminister – und mit ihr auch der Widerstand der Streitkräfte. Am 9. Oktober 1945 wird er durch einen Militärputsch zum Rücktritt gezwungen, festgenommen und inhaftiert. Peróns Absetzung löst eine Regierungskrise aus. Seine Geliebte María Eva Duarte und seine Anhänger aus der Arbeiterbewegung rufen zum Generalstreik auf, der nach wenigen Tagen zu seiner Freilassung führt. Vier Tage später heiratet Perón seine Geliebte, die vom Volk liebevoll Evita genannt wird.

Nach einem von repressiven Maßnahmen geprägten Wahlkampf wird Perón 1946 mit 56 Prozent der Stimmen zum Präsidenten gewählt. Nun kann er, auch mit Hilfe seiner Frau als inoffiziellem, aber einflussreichem Mitglied seiner Regierung, die an der Arbeiterbewegung orientierte und gleichzeitig nationalistische Politik des Peronismus umsetzen.

Die „New York Times" berichtete auf der Titelseite vom Sturz Peróns. Die große Frage lautet: Wie geht es mit Argentinien weiter?

Nach Peróns Vereidigung zur zweiten Amtszeit fährt er mit Ehefrau Eva im offenen Wagen durch Buenos Aires. Hierbei wird das Paar frenetisch bejubelt.

Es beginnt eine Zeit der Reformen. Die Peronisten sichern den ärmsten Gruppen der Bauern- und Arbeiterklasse eine wohlfahrtsstaatliche Sozialpolitik zu, die gegen die traditionelle Agraroligarchie gerichtet ist.

Idol der Massen: Evita

Eva Perón, auf deren Bestreben das Frauenwahlrecht eingeführt wird und die de facto als Gesundheits- und Sozialministerin fungiert, wird als Evita zur Kultfigur des Peronismus und zum Symbol der goldenen 40er Jahre Argentiniens, in denen das Land die achtgrößte Wirtschaftsmacht der Welt ist. Doch der politische Aufbruch erstarrt in der Wirtschaftskrise und in der zunehmenden Bürokratisierung Anfang der 50er Jahre.

Presseverbot, Offiziersaufstand und zunehmende Unruhe prägen die Situation, in der Perón sich 1951 für eine zweite Amtszeit wiederwählen lässt. 1952 stirbt die von der Bevölkerung bis zur Irrationalität vergötterte Evita Perón. Als Perón sich gegen den Einfluss der katholischen Kirche wendet und exkommuniziert wird, nehmen die Unruhen bürgerkriegsähnliche Formen an. Peróns Sturz durch die Armee 1955 spiegelt die breite Opposition gegen seinen autoritären Führungsstil wider.

Er verlässt das Land und findet in Spanien Exil. 18 Jahre lang bestimmt er von dort die argentinische Politik. Seine Partei wird aufgelöst und verboten. Trotzdem bleibt der Peronismus eine Massenbewegung, deren Kraft mit den ungelösten nationalen Problemen immer weiter wächst. Als die Peronisten 1973 die Präsidentschaftswahlen gewinnen, darf Perón endlich nach Argentinien zurückkehren und wird erneut zum Präsidenten gewählt. Seine dritte Frau, Isabel de Perón, wird Vizepräsidentin. Perón stirbt schon ein Jahr nach dem erneuten Machtantritt am 1. Juli 1974. Ihm fehlt die Kraft, in der kurzen Zeit noch einmal entscheidende Politik zu machen. Nachfolgerin im Präsidentenamt ist seine Frau, die 1976 von einer Militärjunta zum Rücktritt gezwungen wird. Nach den Jahren der Militärdiktatur formiert sich die Peronistische Partei zu Beginn der 80er Jahre erneut. Sie stellt seit 1989 mit Carlos Menem den Präsidenten, dessen neoliberales Sparprogramm kaum noch etwas mit dem peronistischen Ziel des nationalen Wohlfahrtsstaates gemein hat.

Juan Domingo Perón scheiterte mit seinen politischen Zielen an den realen Gegebenheiten eines Schwellenlandes im Zeitalter der Industriegesellschaft und der weltweiten politisch-ideologischen Konfrontation. Die Stiftung einer argentinischen Nationalidentität durch seine charismatische Persönlichkeit und seine Bewegung ist seine bleibende Leistung.

Internationales Tauziehen um einen Ex-Diktator
Augusto Pinochet

In den Staaten Südamerikas vollzogen sich Regierungswechsel im 20. Jahrhundert meist weniger durch demokratische Wahlen als durch blutige Putsche. Dabei kam dem Militär, als dem eigentlichen Träger der Macht, eine bedeutende Rolle zu. Mangels äußerer Feinde sah sich das sich meist aus dem konservativ-katholischen gehobenen Bürgertum rekrutierende Militär als innere Ordnungsmacht. Zu dieser mächtigen Elite wollte auch der am 25. November 1915 in Valparaiso in Chile geborene Augusto Pinochet gehören. Wie viele Angehörige der oberen Schicht, besuchte er zunächst die Kriegsakademie in Santiago.

Augusto Pinochet
Daten und Fakten

1915	* in Valparaíso
1970	Pinochet wird Generalstabschef
1973	Pinochet stürzt den Präsidenten Allende
1974	Pinochet übernimmt das Amt des Staatspräsidenten
1986	Attentat auf Pinochet misslingt
1988	Pinochet verliert Präsidentschaftswahl

Augusto Pinochet hat schon eine beachtliche militärische Karriere hinter sich, als ihn der gerade in sein Amt gewählte sozialistische Staatspräsident Salvador Allende im Jahr 1970 zum Befehlshaber der 2. Division und zum Generalstabschef ernennt. Im Sommer 1973 gerät die Regierung Allende in erhebliche Schwierigkeiten. Anhaltende, unter anderem von amerikanischen Konzernen finanzierte Streiks der Transportarbeiter legen das ganze Land lahm. Dazu kommen gewalttätige Proteste der Rechten, die auf die Unterstützung der USA bauen können. Die Supermacht will in Chile kein sozialistisches Experiment dulden.

Bald steht das Land am Rande des Bürgerkriegs. In dieser prekären Lage ernennt Präsident Allende allen Warnungen seiner Vertrauten zum Trotz Augusto Pinochet am 25. August 1973 zum Oberbefehlshaber des Heeres. Dieser plant bereits seit einem Jahr die gewaltsame Entmachtung der Regierung Allende. Am 11. September lässt Pinochet den Präsidentenpalast bombardieren.

Dolchstoß gegen Allende

Da Allende, seine Mitarbeiter und die Palastwache erbitterten Widerstand leisten, befiehlt Pinochet seinen Truppen, den Präsidentenpalast zu stürmen. Dort richten die Eindringlinge ein Blutbad an, in dem auch Salvador Allende unter immer noch ungeklärten Umständen ums Leben kommt. Noch am selben Tag übernimmt Pinochet an der Spitze einer Militärjunta die Macht.

Er verhängt den Ausnahmezustand, setzt die Verfassung außer Kraft und löst den Kongress sowie sämtliche Parteien auf. Sein Hauptziel, die Ausmerzung des Marxismus, setzt er mit äußerster Brutalität durch. Gleich nach dem Putsch werden Tausende von Linken verhaftet, darunter auch die Mitglieder der Regierung Allende und alle dem ermordeten Ex-Präsidenten nahestehenden Personen. Das Fußballstadion von Santiago wird in ein großes Konzentrationslager und Folterzentrum umgewandelt. Schon in den er-

Der alternde Diktator regierte Chile bis zu seinem Sturz mit harter Hand. Die Folter von politischen Gegnern war an der Tagesordnung.

sten Tagen nach dem Putsch werden unzählige Menschen hingerichtet, andere verschwinden für immer. Um jegliche Spuren zu verwischen, wirft man viele Überlebende der Folter aus Flugzeugen ins offene Meer.

Der Terror ist allgegenwärtig. Jedem Bürger droht jederzeit die Verhaftung. Die meisten Häftlinge tauchen nie wieder auf. Jede mögliche Opposition wird mit brutalsten Mitteln verfolgt. Liegen der Polizei keine Gründe für die Verhaftung einer Person vor, so übernehmen Geheimdienst und rechtsradikale Terrororganisationen den Fall. Dies endet meist mit dem Tod des Betreffenden. Wie brutal die Schergen Pinochets vorgehen, zeigt der Fall des Liedermachers Victor Jara: Ihm zerschneiden sie Gesicht und Hände, bevor sie ihn mit 44 Schüssen töten.

Attentate zur Machterhaltung

Um seinen Militärputsch nachträglich zu legalisieren übernimmt Pinochet im Dezember 1974 das Amt des Staatspräsidenten. Als im September 1976 der ehemalige chilenische Außenminister und Allende-Vertraute Letelier in seinem Washingtoner Exil einem Attentat zum Opfer fällt, lässt sich die Spur der Mörder direkt in die engste Umgebung Pinochets verfolgen. Inzwischen gerät Pinochet auch durch die Menschenrechtskampagnen des neuen US-Präsidenten Carter unter Druck. So inszeniert er am 4. Januar 1978 eine Volksbefragung zu seiner Regierung, bei der ihm 75 Prozent der Wähler zustimmen. Im März 1981 billigen 67 Prozent Wähler eine rein auf die Machterhaltung Pinochets zugeschnittene neue Verfassung, die ihm für weitere acht Jahre das Präsidentenamt sichert.

Ein Land im Ausnahmezustand

Sein Versprechen, die Parteien wieder zuzulassen und Parlamentswahlen abzuhalten, löst er nicht ein. Dies, die immer katastrophalere Wirtschaftslage und das Bekanntwerden von Korruption in der Familie des Diktators führen 1984 zu „Nationalen Protesttagen", die sofort mit aller Härte unterdrückt werden. Der von 1973 bis 1983 dauernde Ausnahmezustand wird erneut in Kraft gesetzt. Am 7. September 1986 wird nach einem misslungenen Attentat auf den Diktator sogar der Belagerungszustand ausgerufen. Pinochet erklärt öffentlich, dass er den Anschlag auf Grund „göttlicher Vorsehung" unverletzt überlebt habe.

Nach dem Sturz Allendes übernimmt Pinochets Militärjunta die Macht.

Der Senator auf Lebenszeit musste lange keine Strafverfolgung fürchten.

Als der Alleinherrscher sich am 5. Oktober 1988 als einziger Kandidat für weitere acht Jahre im Amt bestätigen lassen will, stimmen 54,7 Prozent der Wähler gegen ihn. Eine Verfassungsreform, die die Amtszeit des Präsidenten in Zukunft auf vier Jahre beschränkt, verhindert eine weitere Kandidatur Pinochets. Vor dem drohenden Machtverlust sichert er sich und seinen Vertrauten per Gesetz die Pfründe und vor allem Straffreiheit.

Endlich demokratische Wahlen!

Gewinner der ersten demokratischen Wahlen vom 14. Dezember 1989 ist der Christdemokrat Patricio Alwyn. Pinochet behält weitreichende Machtbefugnisse und ist weiterhin allein für die Ernennung der hohen Offiziere, der Mitglieder des Sicherheitsrates sowie des Obersten Gerichtshofes zuständig. Daher gestaltet sich die angestrebte Demokratisierung Chiles für Präsident Alwyn ebenso schwierig wie für seinen Nachfolger, den seit dem 11. März 1994 amtierenden Eduardo Frei Ruiz-Tringle. Auch unter ihm bleibt Pinochet, der Senator auf Lebenszeit und damit strafrechtlich nicht zu belangen ist, weiterhin Chef des Heeres.

Indessen werden immer mehr Massengräber von Opfern des Pinochet-Regimes entdeckt, die Täter und ihre Mitwisser beginnen, ihr Schweigen zu brechen.

Der Ex-Diktator zeigt keine Reue

Pinochet selbst gibt bei den Feiern zum 20. Jahrestag seines Militärputsches öffentlich zu, dass die Armee „unmenschliche Handlungen" begangen habe. Er selbst weist jedoch jegliche Verantwortung weit von sich. Eine gesicherte Tatsache ist, dass während der Pinochet-Diktatur 2279 Menschen von den Militärs ermordet wurden, viele starben an den Folgen der Folter. Weitere 641 Morde konnten bisher noch nicht aufgeklärt werden. Unsicherheit herrscht noch immer über das Schicksal von 1200 spurlos verschwundenen Opfern des Diktators.

Streit um die Auslieferung Pinochets

Ende der 90er Jahre beginnt der spanische Richter Baltasar Garzon mit der Aufdeckung der Greueltaten der verschiedenen südamerikanischen Diktatoren des 20. Jahrhunderts.

1998 besucht Pinochet die eng mit ihm befreundete ehemalige britische Premierministerin Margaret Thatcher in London. Hier erreicht ihn ein von Baltasar Garzon erwirkter Haftbefehl, verbunden mit einem spanischen Auslieferungsantrag. Auf Grund Pinochets angeblich angeschlagenen Gesundheitszustands stellen ihn die britischen Behörden nur unter Hausarrest.

Um die Auslieferung Pinochets an Spanien, wo man ihm die Folterung und Ermordung von mindestens 3000 Menschen zur Last legt, entbrennt ein monatelanges diplomatisches Tauziehen zwischen Großbritannien, Spanien und Chile.

Während Pinochet in London Demenz simuliert und vorgibt, an den Rollstuhl gefesselt zu sein, erheben in Chile im Februar 2000 643 Überlebende der Folter offiziell Anklage gegen den Ex-Diktator. Am 2. März 2000 lässt ihn die britische Regierung „aus humanitären Beweggründen" nach Chile ausreisen. Am Flughafen von Santiago bereiten ihm die Militärs einen glänzenden Empfang. Unter den Klängen deutscher Marschmusik schreitet Pinochet in militärisch straffer Haltung die zu seinen Ehren angetretene Ehrenformation ab. Nichts erinnert daran, dass er in London noch hinfällig im Rollstuhl saß.

Da seit dem Amtsantritt des sozialistischen Staatspräsidenten Ricardo Lagos am 11. März 2000 die Strafverfolgung Pinochets in Chile ernsthaft vorangetrieben wird, besinnt sich der alternde Tyrann wieder auf seine angebliche Krankheit. Trotzdem verkündet das Appellationsgericht in Santiago am 25. Mai 2000 die Aufhebung der Immunität des Senators. Sein Sohn droht daraufhin sogleich mit einem Militärputsch. Im Juni 2000 soll der Prozess gegen Pinochet beginnen, der chilenische Staat tritt dabei als Nebenkläger auf.

Deutsche Sekte im Zwielicht

Auch gegen die in Chile ansässige Sekte „Colonia Dignidad" nimmt die Justiz des Landes Ermittlungen auf. Diese Sekte hatte sich im Schatten des Pinochet-Regimes entwickelt, ohne jemals behördliche Aufsicht fürchten zu müssen. In der hermetisch abgeriegelten Siedlung regiert Schäfer als Alleinherrscher, dessen Wort Gesetz ist. Aussteiger, denen die Flucht gelungen ist, berichten, Schäfer missbrauche Kinder und halte Sektenmitglieder gegen ihren Willen auf dem Gelände der Sekte fest.

Trotz intensiver Ermittlungen ist es bis dato jedoch nicht geglückt, Paul Schäfer in Haft zu nehmen. So bleibt im inzwischen demokratischen Chile ein kleiner Ort bestehen, der von einem Tyrannen regiert wird.

Am 11. September 1987 feiert das Regime den 14. Jahrestag von Pinochets Machtergreifung.

Völkermord in Kambodscha
Pol Pot

Der ehemalige kambodschanische Premierminister und Oberbefehlshaber der Streitkräfte der Roten Khmer, Pol Pot, gilt als einer der skrupellosesten Diktatoren der Neuzeit, der es an Grausamkeit mit den gefürchtetsten Despoten der Antike und des Mittelalters aufnehmen konnte. Er gehört zu den wenigen Diktatoren, die in einem Atemzug mit Hitler oder Stalin genannt werden müssen. Millionen von Toten und ein vom Hungertod bedrohtes Volk waren die Bilanz seiner nur vierjährigen Schreckensherrschaft, die von 1975 bis 1979 dauerte.

Pol Pot, dessen bürgerlicher Name Saloth Sar lautet, wurde wahrscheinlich 1925 in der kambodschanischen Provinz Kompong Thom als Sohn eines wohlhabenden Bauern geboren. Er besucht die Grund- und Mittelschule und macht danach eine Zimmermannslehre. Im Jahr 1949 geht er als Stipendiat nach Frankreich, wo er an der Pariser Ecole Francaise de Radio-Electricité studiert. Schon als Jugendlicher allerdings hatte Pol Pot sich dem antifranzösischen Widerstandskampf unter der Führung von Ho Chi Minh angeschlossen und war bis 1946 Mitglied der Kommunistischen Partei Indochinas. Im Anschluss daran tritt er der Revolutionären Volkspartei (der späteren Kommunistischen Partei Kampucheas) bei.

Ein ungebetener Gast in Frankreich

In Paris schließt er sich einer kommunistischen Studentengruppe an, die von Ieng Sary geleitet wird. Auf Grund seines politischen Engagements muss Pol Pot Frankreich im Jahr 1953 ohne Studienabschluss verlassen. Zurück in Kambodscha arbeitet er sich im Verlauf der 50er Jahre – gemeinsam mit einigen Studienfreunden aus Frankreich, wie Ieng Sary und Khieu Samphan – in die Führungsriege der späteren kommunistischen Partei vor. Daneben arbeitet er als Lehrer für Geschichte und Geographie an einer Privatschule in Pnom Penh.

Die Herrschaft dieses Mannes kostete Millionen von Kambodschanern das Leben und stürzte das Land ins Chaos.

Pol Pot
Daten und Fakten

1925	* in Kompong Thom
1949	Pol Pot geht als Stipendiat nach Frankreich
1960	Pol Pot wird ins Zentralkomitee der Kommunistischen Partei gewählt
1975	Die Roten Khmer marschieren in Pnom Penh ein
1979	Pol Pot wird gestürzt
1996	Pol Pot gibt Interview
1997	†

Pol Pot als einfacher Landmann. Intellektuelle und politische Gegner mussten auf den Feldern Zwangsarbeit oft bis zum Erschöpfungstod leisten. Nicht umsonst sprach man von den „killing fields".

Der ab 1960 amtierende Staatschef Prinz Norodom Sihanouk versucht unterdessen, die Linke des Landes zu unterdrücken. Gleichzeitig gewinnt innerhalb der zu diesem Zeitpunkt noch illegalen kommunistischen Partei das nationalistische Element an Bedeutung. Pol Pot wird 1960 ins Zentralkomitee seiner Partei gewählt und avanciert 1963 zum Generalsekretär.

1970 putscht der von den USA unterstützte General Lon Nol gegen die Regierung des Prinzen Sihanouk. Dieser verbündet sich daraufhin kurzerhand mit den Roten Khmer zur „Nationalen Einheitsfront von Kampuchea" und bildet eine Exilregierung. Sihanouk hält sich die meiste Zeit in Peking auf. Das Bündnis unterstützt die Vietcong in Vietnam. Gleichzeitig beginnt Pol Pot aber, die Partei von Mitgliedern zu säubern, die mit Nordvietnam zusammengearbeitet hatten. Im Jahr 1975 flieht General Lon Nol, wenige Tage darauf marschieren die Einheiten der Roten Khmer in Pnom Penh ein.

Ein Volk wird umerzogen

Sie starten ein radikales gesellschaftliches Experiment zur Umerziehung der gesamten Bevölkerung, das nach ihren Plänen in einer Art Agrarkommunismus münden soll. Die industrielle Produktion des Landes wird eingestellt, die Geldwirtschaft abgeschafft. Offiziere, Soldaten und Beamte der früheren Regierung und deren Angehörige werden ermordet, ethnische Minderheiten verfolgt und ausgerottet. Sämtliche Personen, die als Regimekritiker verdächtig sind, werden rücksichtslos liquidiert. Oft soll allein der Besitz einer Brille Grund genug sein, eine Person als feindlichen Intellektuellen zum Tode zu verurteilen.

Weltweit berichten die Zeitungen vom Einmarsch der Roten Khmer in Pnom Penh. Damit beginnt die Schreckensherrschaft von Pol Pot.

The New York Times

"All the News That's Fit to Print"

LATE CITY EDITION

VOL. CXXIV. No. 42,817

NEW YORK, THURSDAY, APRIL 17, 1975

20 CENTS

PHNOM PENH SURRENDERS TO REBEL FORCES AFTER OFFER OF A CEASE-FIRE IS REJECTED

Saigon Peril Grows as Troops Near Xuan Loc Fall Back

Ideologisch steht die Agitation gegen die traditionelle gesellschaftliche Ordnung und deren bürgerliche Denkweisen im Vordergrund des Pol Pot-Regimes. Kulturelle und pädagogische Institutionen werden ebenso bekämpft wie die weitverbreiteten Religionen Buddhismus und Islam. Die städtische Bevölkerung Kambodschas wird gewaltsam in ländliche Gebiete umgesiedelt, wo man die Menschen zur Feldarbeit zwingt. Hunger und Krankheiten dezimieren die Bevölkerung. Unzählige Menschen fliehen ins benachbarte Thailand, wo sie in Flüchtlingslagern leben und von der Hilfe der internationalen Gemeinschaft abhängig sind. Gegner des Regimes werden psychisch und physisch brutal gefoltert und ermordet. Allein im Gefängnis Tuol Sleng sollen 16 000 Menschen zu Tode gequält worden sein. Die gesamte Zahl der Opfer des Pol Pot-Regimes wird auf mindestens 1,7 Millionen, möglicherweise sogar drei Millionen Menschen geschätzt.

Organisierter Massenmord

Als die Vietnamesen nach dem Sturz von Pol Pot 1979 in Kambodscha einmarschieren, finden sie immer wieder Massengräber mit Opfern des Regimes. In der Hauptstadt Pnom Penh, die 1975 rund 700 000 Einwohner hatte, leben zu diesem Zeitpunkt gerade einmal 23 000 Menschen. Alle anderen hatte man vertrieben, verschleppt oder ermordet. Von den verbliebenen rund 4,3 Millionen Kambodschanern ist mindestens die Hälfte vom Hungertod bedroht. Obwohl es den Vietnamesen nach einem nur zweiwöchigen Blitzkrieg gelingt, die kambodschanische Hauptstadt zu erobern und damit auch den größten Teil des Landes von der Schreckensherrrschaft Pol Pots befreien, scheitert der Versuch, den Despoten selbst politisch unschädlich zu machen. Im August 1979 wird Pol Pot zwar in Abwesenheit in Pnom Penh zum Tode verurteilt, doch dieses Urteil kann nie vollstreckt werden.

Mit seinen Truppen von ungefähr 40 000 Mann zieht sich der Despot nämlich in das dschungelartige westliche Bergland Kambodschas nahe der thailändischen Grenze zurück. Hier lebt er noch mindestens 20 Jahre mehr oder weniger unbehelligt und zieht aus der Ferne die politischen Fäden. Die Roten Khmer bleiben ein wichtiger Faktor in Kambodscha, zumal sie in der Gegend um Pailin und Phnom Malai im Nordwesten Kambodschas den Handel mit tropischen Hölzern und Edelsteinen kontrollieren und so über beträchtliche regelmäßige Geldeinnahmen verfügen.

Im Jahr 1985 wird die Nachricht lanciert, Pol Pot habe sich nach Erreichung des Pensionsalters von 60 Jahren aus dem aktiven Geschehen zurückgezogen und den Oberbefehl über die Roten Khmer an seinen Vertrauten Son Sen abgegeben. Dies erscheint jedoch wenig glaubwürdig. Als nämlich eine aufgebrachte Menschenmenge seine engen Vertrauten Khieu Samphan und Son Sen 1991 in Pnom Penh um ein Haar lyncht, fliehen die beiden nach Thailand. In ihrem verlassenen Quartier finden sich Briefe an Pol Pot, die von einer regelmäßigen und detaillierten Berichterstattung an ihren Oberbefehlshaber zeugen.

Im Sommer 1996 kommen erneut Spekulationen über den angeblichen Tod von Pol Pot auf, die durch die darauf folgende Spaltung der Roten Khmer geschürt werden. Im folgenden Jahr erhält der amerikanische Journalist Nate Thayer von der „Far Eastern Economic Review" die Gelegenheit, eine Art Volksprozess gegen Pol Pot an einem versteckten Dschungelort zu beobachten. Pol Pot soll dort, nach seiner Festnahme durch abtrünnige Rote Khmer-Einheiten, unter anderem wegen der Ermordung von Son Sen zu lebenslangem Arrest verurteilt worden sein. Später allerdings bezeichnet man diesen Schauprozess als von Pol Pot gesteuertes Verschleierungsmanöver.

Ein Monster beteuert seine Unschuld

Wenig später bricht Pol Pot sein jahrzehntelanges Schweigen und gibt Thayer ein ausführliches Interview, das erste nach 18 Jahren. Der durch einen Schlaganfall gebrechlich wirkende einstige Schreckensherrscher zeigt sich dabei völlig uneinsichtig angesichts seiner Greueltaten. Er erklärt, ein reines Gewissen zu haben, da er stets ausschließlich im Interesse des kambodschanischen Volkes gehandelt habe. Fehler räumt er zwar ein, doch seien für Hinrichtungen und Hunger während seines Regimes vietnamesische Agenten verantwortlich.

Ein Jahr nach diesem letzten Interview meldet man in Anlong Veng, einer der letzten Bastionen der Roten Khmer, den Tod Pol Pots. Als Todesursache nennt man Herzinfarkt oder Vergiftung. Die Leiche, deren Foto durch die Weltpresse geht, wird allerdings nach zwei Tagen ohne die geforderte Untersuchung durch unabhängige Ärzte verbrannt, so dass letzte Zweifel an der Identität des Toten bleiben, zumal Pol Pots zweite Frau Mea Som und die gemeinsame zwölfjährige Tochter der Einäscherungszeremonie fernbleiben. Dennoch scheint das hässliche Kapitel Pol Pot in der kambodschanischen Geschichte damit abgeschlossen zu sein.

Terror im Namen der Tugend
Maximilien de Robespierre

Die Herrschaft des jungen Revolutionärs Maximilien de Robespierre war kurz. Obwohl sie nur etwa ein Jahr dauerte, hatte sie tief greifende Konsequenzen für die neuere europäische Geschichte. Mit terroristischen Methoden setzte er zum ersten Mal in Europa die Herrschaft des Bürgertums gegen Adel und Klerus durch. Robespierres Staatsführung war demokratisch legitimiert. Diktatorische Machtfülle gewann er allein durch das Charisma seiner gnadenlosen politischen Logik und die einzigartige Konsequenz, mit der er diese in die Tat umsetzte. Der moralische Terror, den er ausübte, wurde ihm am Ende selbst zum Verhängnis.

Er betrachtete den Terror als legitimes, gar notwendiges Mittel, um die Demokratie zu festigen.

Geboren am 6. Mai 1758 in Arras, studiert Robespierre Jura und arbeitet von 1781 an als Advokat in seiner Geburtsstadt. Er interessiert sich für die Ideen der Aufklärung und engagiert sich politisch für den Dritten Stand, das Bürgertum. 1789, als die Krise der absolutistischen Herrschaft revolutionäre Ausmaße annimmt, wird Robespierre als Deputierter des Dritten Standes in die Generalstände gewählt. Er gehört später auch der verfassunggebenden Nationalver-sammlung an. Nach dem Sturm auf die Tuilerien 1792 wird er Mitglied der Pariser Kommune und des ersten demokratisch gewählten französischen Parlaments, des Nationalkonvents.

Im Klub der Jakobiner, der Partei der radikalen Republikaner, gehört Robespierre auf Grund seiner zwingenden politisch-moralischen Rhetorik, die von den Ideen Jean-Jacques Rousseaus gespeist wird, schnell zu den treibenden Kräften der Revolution. Auch bei den parlamentarischen Anhängern der Jakobiner im Konvent, der Bergpartei, spielt er bald eine führende Rolle. Ende 1792 betreibt er im Konvent maßgeblich die Hinrichtung Ludwigs XVI. und entzieht dadurch der Bildung einer konstitutionellen Monarchie den Boden. Die bürgerliche Revolution ist unumkehrbar geworden und radikalisiert sich weiter.

Im Mai/Juni 1793 stürzt er mit Hilfe der Sansculotten die Girondisten, die als Mehrheitsfraktion im Konvent und Parteigänger des liberalen Bürgertums vor allem für eine freie Wirtschaft eintreten. Die Girondisten hatten sich im Gegensatz zu Robespierre für einen Krieg gegen Österreich und Preußen ausgesprochen und damit die Revolutionskriege des absolutistisch beherrschten Europas gegen Frankreich ausgelöst.

Maximilien de Robespierre
Daten und Fakten

1758	* in Arras
1781	Robespierre arbeitet als Rechtsanwalt in Arras
1789	Robespierre wird als Abgeordneter des Dritten Standes in die Generalstände gewählt
1792	Robespierre wird Mitglied der Pariser Kommune
1793	Robespierre stürzt die Girondisten
1794	Robespierre lässt seine politischen Gegner hinrichten. Kurz darauf † (Hinrichtung durch Guillotine)

Der Sturz des Tyrannen im Konvent.

Ab Juli 1793 gehört Robespierre dem Wohlfahrtsausschuss an, der die revolutionäre Gesetzgebung ausführt und als exekutives Organ faktisch die Macht in den Händen hält. Dort baut er sukzessive seine Position aus. Als Vorsitzender des Wohlfahrtsausschusses verfügt er schließlich über diktatorische Macht.

„La Terreur"

Seine auch „La Terreur" genannte Schreckensherrschaft rechtfertigt er als Notwendigkeit, die wirtschaftliche Krise von 1793 als Folge der revolutionären Wirren und des Kriegs bewältigen zu können. Die Umstände verlangen eine straffe und diktatorische Zentralisierung der Verwaltung, Zwangsbewirtschaftung und allgemeine Rekrutierung, das erste Beispiel einer generellen Wehrpflicht in Europa.

Die entsprechenden diktatorischen Maßnahmen setzt Robespierre mit eiserner Konsequenz durch. Bürgerkriegsunruhen werden blutig unterdrückt. Immer mehr Menschen sterben unter der Guillotine, der effizienten Tötungsma-

schine als Sinnbild für die Revolution in dieser Phase.

Im Frühjahr 1794 schaltet Robespierre seine politischen Gegner, darunter Jacques René Hébert, Camille Desmoulins und Georges Jacques Danton, aus. Er lässt sie anklagen, verurteilen und hinrichten.

Robespierres zunehmend von Terror begleiteten Maßnahmen zeigen Erfolge. Vor allem die militärische Bedrohung des revolutionären Frankreichs wird durch den Vormarsch der Massenheere abgewendet. Angesichts der besseren Lage des Landes erscheinen die in der ersten Jahreshälfte von Robespierre zur „Grande Terreur" gesteigerten Massenhinrichtungen immer sinnloser und irrationaler. Der Tyrann sieht überall Feinde der Republik, die es auszuschalten gilt.

Der Sturz und das Ende des Fanatikers

Im Juli 1794 wird Robespierre durch den Konvent gestürzt. Einen Tag nach seiner Verhaftung am 27. Juli 1794 (nach dem französischen Revolu-

Mit dem Sturm auf die Bastille begann die französische Revolution.

tionskalender der 9. Thermidor) wird er gemeinsam mit seinen Anhängern und seinem Bruder Augustin als eines der letzten Opfer seiner eigenen Schreckensherrschaft in Paris durch die Guillotine hingerichtet. Sein Terrorregime kostet zwischen 35.000 und 40.000 Menschen das Leben.

Robespierres Herrschaft ist ohne Eigeninteresse. Seine Verdienste um die Etablierung der bürgerlichen Demokratie in Europa sind unbestreitbar. Sein unmenschliches, nur der Idee verhaftetes Handeln ist zugleich die Geburtsstunde des modernen Terrorismus.

Echte und vermeintliche Gegner der Revolution wurden von Standgerichten verurteilt und sofort hingerichtet.

Seite 103:
Ludwig XVI. wird zum Schafott geführt.

Aus einer Rede Robespierres am 5. Februar 1794 vor dem Konvent

Welches Ziel streben wir an? In Frieden wollen wir Freiheit und Gleichheit genießen! Jene Gerechtigkeit soll herrschen, deren Gesetze nicht in Marmor und Stein gemeißelt sind, aber in die Herzen aller Menschen, selbst ins Herz des Sklaven, der sie vergisst, und des Tyrannen, der sie leugnet.

Wir wollen eine Ordnung der Dinge, die keine niedrigen und grausamen Triebe kennt, die alle guten und großen Leidenschaften zum Gesetz erhebt, deren Ziel der Wunsch sei, Ehre zu erlangen und dem Vaterland zu dienen.

(...)

Wir wollen in unserem Lande Selbstsucht durch Sittlichkeit ersetzen, Ehre durch Redlichkeit, Sitten durch Grundsätze, Anstand durch Pflicht, die Tyrannei der Mode durch das Reich der Vernunft, Verachtung des Unglücks durch Verachtung des Lasters, Frechheit durch Stolz, Eitelkeit durch Größe der Seele, Liebe zum Intrigenspiel durch Liebe zum Ruhm, feine Gesellschaft durch gute Menschen, Ränke durch Verdienst, den Schöngeist durch das Genie, Schein durch Wahrheit, Überdruss der Lust durch Zauber des Glücks, die Kleinheit der Großen durch die Größe des Menschen, ein liebenswürdiges, leichtsinniges und elendes Volk durch hochherziges, mächtiges und glückliches Volk: das heißt, alle Laster und lächerlichen Züge der Monarchie durch die Tugenden und Wunder der Republik.

In einem Wort: Wir wollen den Forderungen der Natur nachkommen, die Gesetze der Humanität und die Versprechen der Philosophie erfüllen und den Götzen der langen Gewalt- und Verbrechensherrschaft zum Teufel jagen ...

(...)

Tyrannen bedrohen eure Grenzen, und hier im Lande verschwören sich alle Freunde der Tyrannei. Sie werden Verschwörer sein, bis dem Verbrechen jede Hoffnung genommen ist. Wir müssen die inneren und äußeren Feinde der Republik ersticken oder mit ihr untergehen. Deshalb soll in dieser Lage die erste Regel der politischen Tugend sein, das Volk durch Vernunft zu leiten und die Feinde des Volkes durch Terror zu beherrschen.

Wenn der Geist der Regierung im Frieden die Tugend ist, so ist er während der Revolution Tugend und Terror zugleich: Tugend, ohne die der Terror verderblich ist, Terror, ohne den die Tugend ohnmächtig ist. Terror ist nichts anderes als rasche, strenge und unbeugsame Gerechtigkeit. Er ist eine Offenbarung der Tugend. Der Terror ist nicht ein besonderes Prinzip der Demokratie, sondern er ergibt sich aus ihren Grundsätzen, welche dem Vaterland als dringendste Sorge am Herzen liegen müssen ...

Keine Freiheit für die Kolonien
António de Oliveira Salazar

Der portugiesische Staatsmann António de Oliveira Salazar zählte wegen seines starren und autoritären Herrschaftssystems zwar zu den Diktatoren des 20. Jahrhunderts, doch unterschied die persönliche Integrität den studierten Nationalökonomen in eklatanter Weise von anderen Diktatoren seiner Epoche. Salazar, der von 1932 bis 1968 Ministerpräsident von Portugal war, war sozusagen der Gentleman unter den Despoten.

Trotz der Tatsache, dass Salazar für seine persönliche Integrität und Fairness gelobt wird, darf man nicht vergessen, dass sein hartes Umspringen mit den portugiesischen Kolonien in Afrika durchaus dem eines wahren Diktators entspricht.

Kampf in den Kolonien

Seine Kolonien in Afrika verhalfen dem flächenmäßig eher kleinen Portugal einst zu einer Großmachtstellung. Staatspräsident Salazar will während seiner gesamten Amtszeit nicht wahrhaben, dass sich das Prinzip der Kolonialmacht im Verlauf des 20. Jahrhunderts als veraltet erwiesen hat. So investiert er noch in den 60er Jahren in Angola und Mosambik beträchtliche Summen zur militärischen Niederschlagung der Rebellion der schwarzen Bevölkerung. Salazar lässt die Aufstände der Freiheitskämpfer blutig niederschlagen. Portugal macht sich damit zum bevorzugten Angriffspunkt aller progressiven Gegner des Kolonialismus. Und dies, obwohl das Land schon 1961 alle Einwohner seiner „Überseeprovinzen" Angola, Mosambik und Guinea-Bissao als portugiesische Bürger anerkannt und die Rassenintegration verfügt hatte. Im Jahr 1967 verschlingen die Ausgaben für die Kolonialarmee mehr als 40 Prozent der Staatsausgaben und machten Portugal zum ärmsten Land Westeuropas.

Salazars Charakter wurde stets hoch gelobt, doch in den Kolonien ließ er die Freiheitskämpfer brutal unterdrücken.

Antonio Salazar
Daten und Fakten

Salazar in seinem Arbeitszimmer in der Hauptstadt Lissabon. Von hier aus bestimmte er die Geschicke Portugals über 36 Jahre.

António de Oliveira Salazar kommt 1889 als Sohn eines reichen Landwirts in Santa Comba-Dao bei Beira Alta in Portugal zur Welt. Seine Schulausbildung erhält er im geistlichen Seminar von Vizeu. Kurz vor der Priesterweihe entschließt Salazar sich für ein Studium der Volkswirtschaft in Coimba, das er 1914 erfolgreich beendet. Schon im Jahr 1917 wird er Professor für Finanzwissenschaft und Nationalökonomie. Ab 1921 ist ein deutliches Interesse Salazars für die Politik zu erkennen, er zieht als Mitbegründer einer katholischen Partei ins Parlament ein, kehrt aber bald auf seinen Lehrstuhl zurück.

Sein exzellenter Ruf als Finanzexperte führt dazu, dass General da Costa ihn nach seinem Staatsstreich als Finanzminister in sein Kabinett holen will. Salazar schlägt dieses Angebot zunächst aus, weil man ihm die geforderten Vollmachten nicht bewilligt. 1928 bietet ihm der neue Regierungschef General Carmona erneut das Finanzministerium an, dem nunmehr die gesamte Staatsverwaltung unterstellt werden soll. Innerhalb weniger Jahre reformiert Salazar die Staatsfinanzen und verhilft auch der portugiesischen Währung zu neuer Stabilität.

Der „Estado Novo"

Als Carmora 1932 Staatspräsident wird, steigt Salazar zum Ministerpräsidenten auf. Ein Jahr später verkündet er die neue Verfassung des sogenannten korporativen Staates, die ihm die Macht zu einer diktatorisch-autoritären Herrschaft gibt. Politisches Hauptziel Salazars ist Stabilität, daher bemüht er sich stets mit allen Mitteln, den innenpolitischen Status quo zu erhalten. Dies führt Portugal im Lauf der Jahre – vor allem nach dem Ende des Zweiten Weltkrieges – politisch und wirtschaftlich in die Isolation. Das Land verpasst den Anschluss an die Entwicklung der westlichen Welt.

Mit seinem konservativen Katholizismus, seinem auf Sparsamkeit begründeten Stände- und Beamtenstaat und mit seiner einflussreichen Geheimpolizei PIDE führt Salazar Portugal ins Abseits. Er versäumt es, Reformen im Bildungswesen anzugreifen und die Industrialisierung des Landes voranzutreiben. Allerdings gelingt es ihm, im Zweiten Weltkrieg die Neutralität Portugals zu wahren. Im Jahr 1949 tritt das Land der NATO bei. Das starre Festhalten an einer veralteten Staatspolitik gibt der Kritik an Salazars Regime im Lauf der Jahre weiter Nahrung. Auf Grund des Modernisierungsdrucks muss er sein Kabinett im Jahr 1968 verjüngen, kurz darauf erleidet er einen Gehirnschlag, der ihn regierungsunfähig macht. Nachfolger wird Professor Marcello Caetano. Er stirbt 1970 nach langer Krankheit und wird in seinem Geburtsort beigesetzt.

Anastasio Somoza Debayle jun.

Anastasio Somoza Debayle jun. war der dritte und letzte Diktator aus dem Familienclan der Somozas, der das Land 43 Jahre lang wie einen Familienbetrieb beherrscht und ausgebeutet hatte. Folter, Verfolgung, Nepotismus, Korruption und Bereicherung erreichten unter seiner Herrschaft ihren Höhepunkt.

Somoza Debayle jun.
Daten und Fakten

1925	* in Managua
1946	Abschluss der Ausbildung an US-Militärakademie
1950	Somoza wird zum Generalstabschef ernannt
1967	Somoza erlangt das Präsidentenamt
1971	Somoza setzt die Verfassung außer Kraft
1979	Somoza muss ins Exil nach Miami flüchten
1980	† (Ermordung) in Paraguay

Sein Vater Anastasio Somoza Garcia erhält in den Vereinigten Staaten eine militärische Ausbildung. Im von den USA seit 1926 besetzten Nicaragua macht er eine Offizierskarriere und bringt es schnell bis zum Polizeichef und Leiter der von US-Beratern geschulten Nationalgarde. 1933 verlassen die US-Truppen das Land. Ein Jahr später gelingt Somoza die Ermordung des Guerilla-Anführers Julio Cesar Sandino. Seitdem nennen sich die Befreiungskämpfer nach ihrem Idol Sandinistas. 1936 übernimmt Somoza durch einen Staatsstreich die Macht.

Nicaragua erklärt am 9. Dezember 1941 Deutschland und Japan den Krieg. Im Juni 1945 wird es Mitglied der Vereinten Nationen. Es tritt 1948 der Organisation Amerikanischer Staaten bei und schließt sich 1951 der Organisation der Zentralamerikanischen Staaten an. Somoza bindet sich eng an die USA und deren Politik. Das ermöglicht ihm die ungehemmte Ausbeutung des Landes und Unterdrückung des Volks. Als er im September 1956 an den Folgen eines Attentats stirbt, übernimmt sein ältester Sohn Luis die Nachfolge. Zu diesem Zeitpunkt ist Anastasio Somoza Debayle jun. schon Oberbefehlshaber der Nationalgarde und hat damit die zentrale militärische Machtposition in Nicaragua inne.

Bis 1946 hatte auch er seine Ausbildung an der US-Militärakademie Westpoint erhalten. Danach steigt er wie sein Vater in der Nationalgarde auf, wird 1947 Kommandeur der Präsidenten-Leibgarde, 1948 Direktor der Militärakademie von Nicaragua und 1950 Generalstabschef. 1964 bekleidet Somoza den Rang eines Divisionsgenerals. Zwei Jahre später tritt sein älterer Bruder

vom Präsidentenamt zurück und macht einem Strohmann des Somoza-Clans Platz. Als dieser bald darauf stirbt, stellt Somoza jun. sich zur fingierten Wahl und erreicht am 5. Februar 67 endlich das Präsidentenamt.

Ein Leben im Überfluss

Während seiner Amtszeit vertieft sich die Kluft zwischen dem Reichtum des Somoza-Clans und der extremen Armut des Großteils der Bevölkerung weiter. Somoza gilt zeitweilig als der reichste Mann Südamerikas. Vor Ende seiner Amtszeit setzt der Despot 1971 die Verfassung außer Kraft und regiert offen diktatorisch. Die USA unterstützen ihn weiterhin.

An dem zerstörerischen Erdbeben 1972, das Managua verwüstet und weiter Tod und Elend über die Bevölkerung bringt, bereichert sich der Diktator durch Grundstücksspekulationen, die ihm Millionengewinne bringen.

Inzwischen formiert sich der politische Widerstand gegen die unerträglichen Verhältnisse. Die Fronte Sandinista de Liberacion Nacional (FSLN) gewinnt immer breitere Unterstützung bei der Landbevölkerung und in Teilen des katholischen Klerus. Somoza kann sich seit Mitte der 70er Jahre nur noch durch US-amerikanische Militärunterstützung an der Macht halten. Die Ermordung des Journalisten und Oppositionspolitikers Chamorro im Januar 1978 wird zum Menetekel des Regimes. Endlich stellen die USA ihre militärische Hilfe ein.

Im August 1978 kommt es zum Volksaufstand, der blutig niedergeschlagen wird. Daraufhin stellen die USA im September auch ihre

Wirtschaftshilfe ein. Im Februar 1979 nehmen die Sandinisten ihre Offensive wieder auf. Die nicaraguanische Luftwaffe zerstört die Städte Esteli und León fast vollständig. Der Bürgerkrieg dehnt sich aufs ganze Land aus. Am 17. Juli schließlich flüchtet Somoza auf Druck der USA nach Miami ins Exil. Seine Nationalgarde ergibt sich den siegreichen Befreiungskämpfern.

Der Krieg Somozas gegen das eigene Volk kostet etwa 40.000 Menschen das Leben und zerstört große Teile des Landes. Das ausgebeutete und völlig verarmte Nicaragua kann sich lange Jahre nur mühsam von den Folgen der Clan-Diktatur erholen.

Somoza findet mit seiner Familie in Paraguay endgültig Asyl, wird dort jedoch nur ein Jahr später im September 1980 ermordet. Seine völlig verantwortungslose Schreckensherrschaft löst weltweit Abscheu und Empörung sowie eine Welle der Unterstützung für die sandinistische Befreiungsbewegung aus. Mit ihrer unrühmlichen Unterstützung für den Diktator schaden die USA ihrem Renommee als Führungsnation der demokratischen Welt nachhaltig.

An seinem Schreibtisch gibt Somoza einigen ihm ergebenen Journalisten ein Interview.

Blutige Herrschaft eines Schustersohns
Josef W. Stalin

Am 21. Dezember 1879 wurde in Gori, einem Dorf unweit der georgischen Hauptstadt Tiflis, Josef Dschugaschwili geboren. Sein Vater, ein ehemals leibeigener Schuster war trunksüchtig und gewalttätig. Von seiner frommen Mutter bestärkt, trat der Sohn 1894 in ein Priesterseminar ein. Wegen seiner Propagandatätigkeit für die Sozialdemokraten musste er es 1899 kurz vor der Abschlussprüfung verlassen. Von nun an nannte er sich nach einem georgischen Volkshelden „Koba" („Der Unbeugsame") und schlug den Weg des Berufsrevolutionärs ein. Er organisierte Aufstände, füllte die Kassen seiner Partei durch Überfälle auf Banken und Geldtransporte und lebte meist im Untergrund. Mehrmals wurde er von der zaristischen Justiz zu Gefängnisstrafen verurteilt und in die Verbannung geschickt.

Seine Aktionen machen Lenin auf den Georgier „Koba" aufmerksam, er nimmt ihn 1912 in das achtköpfige Zentralkomitee der Bolschewistischen Partei auf. Seit 1913 nennt sich Josef Dschugaschwili „Stalin" („Der Stählerne"). Im März 1917, Lenin ist noch im Exil, agitiert Stalin bereits als einer der führenden Bolschewiken im revolutionären Petrograd. Als Einziger gehört er allen hohen Parteigremien an und wird 1922 Generalsekretär des Zentralkomitees.

Am 21. Januar 1924 stirbt Lenin. Ein Jahr zuvor hatte er seinem Testament ein geheimes Postskriptum hinzugefügt, in dem er die Absetzung Stalins empfiehlt. Jetzt aber ist Stalins Stunde gekommen, die Macht an sich zu reißen. In seiner Rede zu Lenins Tod schwört er, sein Vermächtnis zu wahren und sein Werk fortzuführen.

Systematisch entledigt er sich seiner ehemaligen Weggefährten. Ab 1925 sitzen im Politbüro nur noch Anhänger Stalins. Trotzkij, dessen Forderung nach permanenter Revolution in allen Ländern er missbilligt, lässt er 1927 aus der Partei ausschließen, 1929 ausweisen und 1940 in seinem mexikanischen Exil ermorden.

Stalins Ziel ist „der Aufbau des Sozialismus in einem Land", nämlich der Sowjetunion. Das bedeutet die Kollektivierung der Landwirtschaft, den Ausbau der Industrieproduktion sowie die totale Kontrolle aller Lebensbereiche durch die Partei. Mit dem ersten Fünfjahresplan verkündet

Josef Stalin
Daten und Fakten

1879   * in Tiflis

1894   Eintritt in ein Priesterseminar

1922   Stalin wird Generalsekretär des Zentralkomi-
tees

1930–   „Liquidierung des
1931   Kulakentums als
Klasse"

1936–   „Große
1938   Säuberung"

1953   †

Seite 108:
Stalin in siegessicherer Pose.
Er ließ alle politischen Gegner
beseitigen.

Auf einem Gemälde von 1938
ist Stalin als wohlwollender
Staatsmann zu sehen.

Stalin mit Lenin, dem Gründer der Sowjetunion. In seinem politischen Testament warnte Lenin vor der Gefährlichkeit und Skrupellosigkeit Stalins.

Stalin 1929 die rücksichtslose Durchsetzung dieser Ziele. Kritiker lässt er aus dem Politbüro ausschließen.

1930 verdrängt er Alexej Rykow, den Nachfolger Lenins an der Spitze des Rates der Volkskommissare, aus dem Amt. Sein Nachfolger wird Wjatscheslaw Molotow, der die Verschmelzung von Staat und Partei vehement vorantreibt und die Sowjetunion im Sinne Stalins endgültig zu einem totalitären Staat macht. Gleichzeitig beginnt Stalin mit den großen Säuberungen, die zwischen 1929 und 1931 zum Ausschluss von 250 000 Mitgliedern aus der Kommunistischen Partei führen. Stalins politische Geheimpolizei OGPU sorgt im ganzen Land für Einschüchterung und Terror.

Im November 1929 verkündet Stalin das „Jahr der großen Wende", das die vollständige Kollektivierung der Landwirtschaft bringen soll. Nach der Liquidierung von Adel, Unternehmerschaft und Bürgertum stehen der Entwicklung zum Kommunismus nur noch die Bauern, die so genannten Kulaken, im Weg. Gemäß Stalins Parole von der „Liquidierung des Kulakentums als Klasse" werden in den Jahren 1930 und 1931 1,8 Millionen Bauernfamilien deportiert. Weitere drei Millionen werden zur Flucht aus ihren Dörfern gezwungen. Die Folgen sind ein katastrophaler Rückgang der landwirtschaftlichen Produktion und ein starkes Absinken des allgemeinen Lebensstandards. Gleichzeitig nehmen der allgegenwärtige Terror und die totale Kontrolle der Bevölkerung durch die Partei ständig zu.

Die Geburtsstunde des Archipel Gulag

Seit August 1932 gilt auch für geringfügigen Diebstahl die Todesstrafe. Zugleich werden immer mehr Zwangs- und Arbeitslager eingerichtet, das „Archipel Gulag" entsteht. Die stalinistische Propagandamaschinerie läuft auf Hochtouren. Während in Realität die Wirtschaft darniederliegt, werden mit großem Pomp frei erfundene industrielle Höchstleistungen gefeiert. Alle, die auch nur der geringsten Kritik am System verdächtig sind, werden als „Klassenfeinde" und „Saboteure" verfolgt, Denunziationen sind an der Tagesordnung. In ersten Schauprozessen werden Beschuldigte gefoltert und so gezwungen, ihre angeblichen Verbrechen zu gestehen.

Gleichzeitig nimmt der Führerkult um Stalin immer gigantischere Ausmaße an. Er erreicht am 50. Geburtstag des „großen Steuermanns" im Dezember 1929 seinen vorläufigen Höhepunkt. Noch immer gelten die Kulaken als Hauptfeinde des Kommunimus. Ziel ist es, sie zu vernichten. Im Winter 1932 werden den Bauern in der Ukraine die Nahrungsvorräte genommen. Innerhalb eines Jahres sterben dort acht Millionen Menschen den Hungertod. Auch der Terror gegen die übrige Bevölkerung geht weiter.

Als am 1. Dezember 1934 der Leningrader Parteichef Kirow einem Mordanschlag zum Opfer fällt, erlässt Stalin noch am selben Tag ein Dekret, das bei einem des „Terrorismus" Angeklagten das Recht auf Verteidigung nimmt und grundsätzlich die Todesstrafe vorschreibt. Tausende werden so ohne Verurteilung hingerichtet. Im April 1935 verfügt Stalin, dass die Todesstrafe schon ab dem 12. Lebensjahr verhängt werden darf. Den Mord an Kirow nimmt Stalin zum Anlass für die „Große Säuberung" von 1936 bis 1938. Ihr fallen auch ehemalige Mitstreiter aus der Partei zum Opfer, die nach tagelanger Folter in Schauprozessen gezwungen werden, angebliche Verfehlungen zu gestehen. Fast alle werden anschließend erschossen, viele haben sich der drohenden Verhaftung rechtzeitig durch Selbstmord entzogen.

Im Jahr 1937 werden 35 000 Armeeoffiziere hingerichtet. Im Juli 1937 befiehlt das Politbüro dem Geheimdienst NKWD, einen Plan für die Ausrottung aller „antisowjetischen Elemente" vorzulegen. Jede Sowjetrepublik hat bestimmte Erschießungsquoten zu erfüllen. Im Zuge der „Großen Säuberung" werden auf Befehl Stalins nach offiziellen Akten 682 000 Menschen hingerichtet, wahrscheinlich sind es aber weit über eine Million. Alles wird von Stalin, der niemandem traut, persönlich angeordnet und überwacht. Seit dem 6. Mai 1941 ist der Despot auch Vorsitzender des Rats der Volkskommissare und damit nicht mehr nur Partei-, sondern auch offizieller Regierungschef.

Winston Churchill, Franklin Delano Roosevelt und Josef Stalin bei der Konferenz von Yalta im Februar 1945. Hier besprachen die drei Staatschefs die Zukunft Europas nach dem Zweiten Weltkrieg.

Durch den mit Hitler am 23. August 1939 geschlossenen deutsch-sowjetischen Nichtangriffspakt erreicht Stalin die Annexion des östlichen Polens, Estlands, Lettlands, Litauens, Bessarabiens und der Nordbukowina. Auch hier beginnt sofort der gewohnte Massenterror gegen den „Klassenfeind". In Katyn werden zwischen März und Mai 1940 21 000 polnische Offiziere und Intellektuelle erschossen. Vor äußeren Feinden glaubt sich Stalin jetzt sicher, der deutsche Angriff auf die Sowjetunion am 22. Juni 1941 trifft ihn völlig unvorbereitet. Nun fehlen der Armee die Zehntausende von hingerichteten Offizieren. Mit Hilfe von Waffenlieferungen aus den USA und unglaublichen Opfern von der Zivilbevölkerung gelingt es Stalin, den deutschen Angriff zurückzuschlagen.

Terror auch im Krieg

Dieser richtet sich jetzt vor allem gegen die als antisowjetisch verdächtigen nichtrussischen Völker aus den südlichen Randgebieten der Sowjetunion, die nach Sibirien und Asien deportiert werden. Sowjetische Soldaten, die nach Kriegsende aus deutscher Kriegsgefangenschaft in die Sowjetunion zurückkehren, werden zu Hunderttausenden wegen Fahnenflucht zum Tode verurteilt oder verschwinden in den Gulags.

Im Kalten Krieg arbeitet Stalin auf den Sieg des Kommunismus über den Kapitalismus hin. Den osteuropäischen Satellitenstaaten zwingt er das stalinistische System auf und bringt auch die kommunistischen Parteien anderer Länder unter seine Kontrolle. Kommunisten aus der ganzen Welt feiern am 21. Dezember 1949 mit großem Pomp und einem geradezu pervers erscheinenden Personenkult den 70. Geburtstag des Diktators. Zu Beginn einer neuen Liquidierungswelle, die der Agententätigkeit für die USA und Großbritannien bezichtigte medizinische Koryphäen trifft, stirbt Stalin überraschend am 5. März 1953.

Wie kein zweiter Staatschef prägt Stalin, der von 1924 bis 1953 regiert, das 20. Jahrhundert. Er ist Sinnbild des absoluten Herrschers in einem totalitären Staat. Er erhebt die Sowjetunion in den Rang einer Supermacht und macht sie zum Zentrum und Vorbild für die ganze kommunistisch regierte Welt. Im Februar 1956 verliest sein Nachfolger Nikita Chruschtschow während des 20. Parteitags der KPdSU einen Geheimbericht über die Verbrechen Stalins. Dieser wird jedoch nicht zum Anlass genommen, das System an sich in Frage zu stellen. Der Kommunismus leninistischer Prägung gilt weiterhin als Ideal, der Stalinismus nur als Pervertierung des Systems durch einen einzelnen Tyrannen.

Diktator auf Lebenszeit
Alfredo Stroessner

Alfredo Stroessner war ohne Unterbrechung von 1954 bis 1989 Präsident von Paraguay. Er ist damit der am längsten herrschende Diktator Lateinamerikas des 20. Jahrhunderts. Seit seinem Sturz durch einen Militärputsch lebt er in Brasilien im Exil.

Alfredo Stroessner
Daten und Fakten

1912	* in Encarnación
1929	Stroessner geht als Kadett in die Militärakademie
1932–1935	Stroessner bewährt sich im Chacokrieg gegen Bolivien
1953	Ernennung zum Oberbefehlshaber der Streitkräfte
1954	Stroessner kommt durch einen Putsch an die Macht
1989	Stroessner wird durch einen Putsch gestürzt

Alfredo Stroessner wird am 3. November 1912 in Encarnación geboren. Sein Vater, Buchhalter aus der bayerischen Stadt Hof, war 1898 nach Paraguay ausgewandert und hatte dort später eine Einheimische geheiratet.

Stroessner tritt nach Beendigung der Schulausbildung 1929 als Kadett in die Militärakademie in Asunción ein und geht 1932 als Leutnant zur Artillerie.

Zwischen 1932 und 1935, im so genannten Chacokrieg gegen Bolivien, bewährt er sich in seiner Stellung und steigt alsbald rasch in der Armee auf. Nach Generalstabsdienst sowie Stationen als Regimentskommandeur und Oberst wird er 1949 zum Brigadegeneral befördert. 1951 wird er als Divisionsgeneral Befehlshaber über eine Militärregion. 1953 schließlich wird er Oberbefehlshaber der Streitkräfte.

Zu diesem Zeitpunkt steckt Lateinamerika in einer schweren Wirtschaftskrise, die das von seinem Nachbarn Argentinien wirtschaftlich abhängige Paraguay besonders hart trifft. Stroessner nutzt die Unzufriedenheit in der Bevölkerung, um den amtierenden Präsidenten Chávez 1954 durch einen Militärputsch zu entmachten. Zugleich übernimmt er auch den Vorsitz des seit 1947 regierenden Partido Colorado.

Er ist bis heute faktisch die Staatspartei Paraguays geblieben. Im Juli 1954 wird Stroessner formell zum Staatsoberhaupt gewählt. Von da an regiert er diktatorisch und wird nach einer ersten Bestätigung im Amt 1958 alle fünf Jahre wieder gewählt. Mit Hilfe des Partido Colorado und der Armee bringt er das Land völlig unter seine Kontrolle und errichtet eine Diktatur mit faschistischen Zügen. Er verfolgt die Opposition und zensiert die Presse.

Zwar kann man das Stroessner-Regime im Vergleich zu anderen Diktaturen Südamerikas als gemäßigt bezeichnen, doch sind Menschenrechtsverletzungen auch hier an der Tagesordnung. Der Diktator ist stets bestrebt, politische Gegner auszuschalten, sei es durch Inhaftierung oder die Verbannung aus dem Lande. In den letzten Jahren vor seinem Sturz werden Regimekritiker zunehmend verhaftet und gefoltert.

Paraguay – Ein Hort für NS-Verbrecher

Zahlreiche Nationalsozialisten aus Deutschland finden nach Ende des Zweiten Weltkrieges Aufnahme in Paraguay.

Stroessner begünstigt die Großgrundbesitzer und fördert den internationalen Handel. Dadurch bessert sich die wirtschaftliche Lage, denn ausländische Investoren schätzen die – wenn auch gewaltsam erzwungene – politische Stabilität im Land. Die Inflation ist unter Kontrolle und Entwicklungsgelder werden für Infrastruktur- sowie Sozialprojekte verwandt.

Auf Grund dieser innenpolitischen Erfolge ist Stroessners Machtposition relativ stabil. Sie erlaubt ihm eine begrenzte politische Liberalisierung, die seinem Regime in der westlichen Welt mehr Glaubwürdigkeit und Respekt verleihen soll. Bei den Wahlen von 1968 darf die Opposition erstmals seit 30 Jahren eigene Kandidaten aufstellen.

Zur gleichen Zeit intensiviert das Stroessner-Regime zudem die wirtschaftlichen Beziehungen zu den Nachbarstaaten. Im Mai 1968 wird der Pakt der La-Plata-Staaten zwischen Argentinien, Bolivien, Brasilien, Paraguay und Uruguay unterzeichnet. Mit dem Abkommen, das einen gemeinsamen wirtschaftlichen Aufschwung zum Ziel hat, verbinden vor allem die Paraguayer Hoffnung auf eine bessere Zukunft. Denn Paraguay ist der ärmste der La-Plata-Staaten.

Wirtschaftswachstum und bescheidener Wohlstand

Die 70er und frühen 80er Jahre des 20. Jahrhunderts sind weiterhin von Stabilität geprägt. Außenpolitisch lehnt sich der strikte Antikommunist Stroessner an die USA an, denen er bereits 1962 die Einrichtung von Raketen- und Luftstützpunkten genehmigt hatte. Dies macht den Diktator für die Vereinigten Staaten akzeptabel – in den Jahren des Kalten Kriegs zählt jedes Land als Verbündeter im weltweiten Kampf gegen den Kommunismus.

Da vergisst man im Weißen Haus sogar, dass man sonst großen Wert auf eine demokratische Verfassung, freie Wahlen und die Einhaltung der Menschenrechte legt. Eben diese Verfehlungen hält man gerade kommunistischen Staaten stets vor. Letztlich ist Stroessner einer jener „freundlichen Tyrannen", die Unterstützung von den USA erhalten, da sie im Kampf gegen die Ausbreitung des Kommunismus Unterstützung geloben.

Die 70er und frühen 80er Jahre des 20. Jahrhunderts sind weiterhin von Stabilität geprägt. Das Staudammprojekt Itaipú am Paraná, einem der größten der Erde, wird in Zusammenarbeit mit Brasilien verwirklicht. Die Inflation hält sich in Grenzen, doch der Rückgang beim Export führt zu einer zunehmenden Zahl von Arbeitslosen und zu einer bedeutenden Verschlechterung der Handelsbilanz.

Sturz nach acht Amtsperioden

Nach seiner Wiederwahl wird Stroessner während seiner achten Amtsperiode im Februar 1989 durch einen Putsch gestürzt. Der Anführer der Putschisten, General Andrés Rodríguez, gewinnt als Kandidat des Partido Colorado die Präsidentschaftswahlen.

Stroessner geht ins Exil nach Brasilien. Seine Anhängerschaft gewinnt jedoch schnell wieder Einfluss im Land. Die Präsidentschaftswahlen im Mai 1998 gewinnt mit 53,9 Prozent der Stimmen die Colorado-Staatspartei mit ihrem Spitzenkandidaten Raul Cubas, der dem Parteiflügel um den ehemaligen General Lino Oviedo angehört, während der Vizepräsident der Partei, Luís María Argana, als Gefolgsmann Stroessners gilt. Internationale Beobachter billigen diesen Wahlen demokratischen Charakter zu.

Das Regime Alfredo Stroessners beginnt also als Diktatur mit faschistischen Zügen, die jedoch durch pragmatische Wirtschafts- und Sozialpolitik der Allgemeinheit zugute kommt und so im Lauf der Jahre Paraguay auch eine eigene Identität verleiht. Der amtierende Präsident Cubas will Stroessner übrigens die Rückkehr aus dem Exil ermöglichen, was einer Rehabilitierung nahe käme.

Alfredo Stroessner regierte Paraguay acht Amtszeiten lang.

Starker Mann im Inselparadies
Kemusu Suharto

Der indonesische Diktator Suharto sorgte in seinem Land während seiner Herrschaft von 1968 bis 1998 für politische Stabilität und wirtschaftlichen Aufschwung, scheiterte aber letztlich am autoritären Charakter seines Regimes und an der internen Korruption.

Kemusu Suharto
Daten und Fakten

1921	* in Kemusu
1940	Eintritt in die holländische Kolonialarmee
1965	Suharto schlägt Revolte nieder
1966	Suharto wird Generalleutnant
1967	Suharto wird Staatsoberhaupt
1998	Suharto muss auf internationalen Druck hin zurücktreten

Der indonesische General und Politiker Suharto, der wie viele Javaner nur einen Namen führt, wird 1921 in dem Dorf Kemusu in Mitteljava als Sohn eines einfachen Bauern geboren. Schon als Kind träumt Suharto, der zeitweise Schüler eines javanischen Mystikers ist, von einer militärischen Karriere. Als 19-Jähriger tritt er in die Armee der holländischen Besatzer ein und absolviert die Militärschule. Nach der Unabhängigkeitserklärung der freien Republik Indonesien wird Suharto der führende Partisanenführer in Mitteljava.

1949 leitet er den entscheidenden Angriff auf das Zentrum der Stadt Jogjakarta. Die Niederlage bringt die Niederlande dazu, ihre Souveränitätsrechte an Indonesien abzugeben. Nun verfolgt Suharto zielstrebig seine militärische Karriere. 1966 avanciert er zum Generalleutnant. Ein Putsch im September 1965 ist Suhartos große Chance: Putschende Offiziere bringen einige Generäle der Armee um und verletzen den Verteidigungsminister schwer. Daraufhin zieht Suharto Elitetruppen zusammen und schlägt die Revolte nieder. So lautet zumindest die offizielle Version. Anderen Berichten zufolge soll es sich bei der angeblichen Revolte hingegen um einen Machtkampf an der Spitze des Militärs handeln. Wer die sechs Generäle ermordet hatte, bleibt bis heute unklar. Suharto jedenfalls schiebt sich an die Spitze des Heers und beginnt, die Macht des bisherigen Präsidenten Sukarno auszuhöhlen. Dieser balancierte die Interessenkonflikte zwischen Ar-

Suharto und seine Familie bereicherten sich ungehemmt aus den Staatskassen Indonesiens.

mee, Kommunisten und Moslemgruppen bislang gut aus. Doch nun zerschlagen fanatische Moslems und das Militär gemeinsam die Organisationen der Kommunisten. Dabei kommen zwischen 150 000 und 500 000 Kommunisten ums Leben.

„Neue Ordnung" für den Inselstaat

Im März 1966 entzieht Suharto Sukarno die Exekutivgewalt, belässt ihn aber im Amt des Staatsoberhaupts. 1967 übernimmt er dieses Amt selbst. Mit seinem pragmatischen Kurs der „neuen Ordnung" verzeichnet Suharto zunächst beachtliche Erfolge, etwa bei der Bekämpfung der Inflation. Außenpolitisch verficht er das Prinzip der Neutralität, orientiert sich aber an westlichen Ländern, was ausländisches Kapital ins Land bringt. Auch gelingt es seiner Regierung, die Bevölkerung, die aus mehr als 300 ethnischen Gruppen besteht, auf 13 677 verschiedenen Inseln lebt und rund 500 verschiedene Sprachen spricht, zusammenzuhalten. Die Ölförderung des Landes vervielfacht sich, die Kautschuk-, Palmöl- und Kokosnussproduktion wird zur größten der Welt. Auch kann sich Indonesien nunmehr mit Reis selbst versorgen. Seine politische Position stärkt Suharto, indem er demokratische Institutionen mehr und mehr aushöhlt und Parteien und Presse gleichschalten lässt. Korruptionsvorwürfe gegen ihn und seine Familie sind an der Tagesordnung.

In den Jahren 1978, 1983, 1988 und 1993 lässt sich Suharto als jeweils einziger Kandidat vom Parlament im Amt bestätigen. Dieses Parlament steht freilich völlig unter seiner Kontrolle. Zu diesem Zeitpunkt zählen Kenner ihn und seine Familie zu den reichsten und zugleich korruptesten Familien in ganz Asien. Suhartos Wirtschaftspolitik verschafft dem Land für viele Jahre einen Aufschwung, von dem allerdings vor allem die politische Elite überproportional profitiert – allen voran Suhartos weit verzweigte Verwandtschaft. Seine sechs Kinder beispielsweise sind allesamt unermesslich vermögend. 1998 schließlich werden die Proteste gegen Suhartos autokratische Herrschaft und sein korruptes System im In- und Ausland so groß, dass er seinen Rücktritt erklären muss. Im Anschluss werden sieben Familienmitglieder ihrer Posten in der regierenden Golkar-Partei enthoben. Die angekündigte Untersuchung der Vermögensverhältnisse des Suharto-Clans wird von Kennern allerdings als wenig aussichtsreich eingeschätzt – zu stark dürfte die verborgene Unterstützung des Suharto-Clans in Indonesien noch sein.

Erst bürgerkriegsähnliche Proteste im Inland und massiver Druck aus dem Ausland bewegten den uneinsichtigen Diktator zum Rücktritt.

Er einigte den Vielvölkerstaat
Josip Tito

Angesichts der ethnischen Konflikte, die seit Beginn der 90er Jahre des 20. Jahrhunderts immer wieder in blutige Kämpfe ausarten, hat sich die Einstellung vieler „Jugoslawen" hinsichtlich der Regierungszeit des Diktators Tito verklärt. 20 Jahre nach dem Tod des Marschalls erscheint der untergegangene Vielvölkerstaat trotz aller Repressalien, denen die Bevölkerung ausgesetzt war, als ein Land des inneren Friedens. Die für einen sozialistischen Staat ungewöhnlich große persönliche Freiheits und der relativ hohe Lebensstandard sorgten dafür, dass sich auch Nicht-Kommunisten – vorausgesetzt, sie enthielten sich jeder politischen Betätigung – mit dem Staat arrangieren konnten.

Josip Tito
Daten und Fakten

1892	* in Kumrovec
1910	Eintritt in die Sozialdemokratische Partei Kroatiens
1927	Tito wird Sekretär der Metallarbeitergewerkschaft
1934	Tito wird in das Politbüro der KPJ gewählt
1945	Tito ruft die Föderative Republik Jugoslawien aus
1953	Tito verabschiedet eine neue Verfassung
1980	† in Belgrad

Als Kind einer Kleinbauernfamilie kommt Josip Broz, so Titos eigentlicher Name, am 7. Mai 1892 in Kumrovec im seinerzeit habsburgischen Kroatien zur Welt. Sein Vater ist Kroate, die Mutter Slowenin. Nach Abschluss einer Schlosser- und Mechanikerlehre tritt er 1910 in die Sozialdemokratische Partei Kroatiens ein. Wegen der schlechten Berufsaussichten in seiner Heimat verbringt er das Jahr 1911 als Gastarbeiter in Böhmen und Deutschland. 1913 zur österreichisch-ungarischen Armee einberufen, kommt Josip Broz 1915 mit seinem kroatischen Regiment an die Karpatenfront und gerät in russische Gefangenschaft. Im Sommer 1917 nimmt er im revolutionären Petrograd an politischen Kundgebungen teil und wird Mitglied der Roten Garde in Omsk. 1920 kehrt er nach Kroatien zurück, das inzwischen Teil des 1918 gegründeten „Königreichs der Serben, Kroaten und Slowenen" ist. Noch im selben Jahr tritt er in Zagreb in die Kommunistische Partei Jugoslawiens (KPJ).

Zwischen 1921 und 1924 lebt er laut seiner offiziellen Biographie als Mühlenmechaniker zurückgezogen auf dem Lande; in Wahrheit jedoch hält er sich zu dieser Zeit wahrscheinlich in der Sowjetunion auf, wo er eine Schulung zum Berufsrevolutionär durchläuft. Seit 1925 bei einer Werft in Kraljevica angestellt, organisiert er dort 1926 erstmals einen Streik und wird 1927 in Zagreb Sekretär der Metallarbeitergewerkschaft. Ein Jahr später wechselt er zum Provinzialkomitee der KPJ für Kroatien. Noch im selben Jahr wird Broz wegen seines politischen Engagements ver-

haftet und zu fünf Jahren Zuchthaus verurteilt. Diese Zeit nutzt er, um sich bei den anderen mit ihm inhaftierten Spitzengenossen als Führungsgestalt zu profilieren.

Aus Josip Broz wird Tito

Nach seiner Entlassung im Jahr 1934 unter dem Decknamen „Tito" in den Untergrund abgetaucht, wird er zum Mitglied des Zentralkomitees und in das Politbüro der KPJ gewählt. Seit 1935 ist Tito bei der Komintern in Moskau tätig und wird Organisationssekretär der KPJ. Dort wird er Zeuge der stalinistischen Säuberungen, bei denen auch etliche seiner Mitkämpfer ums Leben kommen. 1938 wird Tito in Moskau zum Generalsekretär der KPJ ernannt und betreibt nunmehr von Zagreb aus die Reorganisation der KPJ, was innerparteiliche Säuberungen mit einschließt. 1940 wird er Mitglied des Politbüros. Mit seinem Volksfront-Konzept gewinnt er auch in der bäuerlichen Bevölkerung und unter den Intellektuellen Anhänger.

Nach dem Überfall der Achsenmächte auf Jugoslawien am 6. April 1941 ruft die KPJ zum bewaffneten Widerstand auf. Anfang Juli beginnt in Serbien und Montenegro der von den Partisanen Titos angeführte Volksaufstand gegen die Besatzer. Die überall im Land gebildeten Volksbefreiungsausschüsse werden im Februar 1942 zu provisorischen Regierungen erklärt. Im November eröffnet Tito die erste Sitzung des Antifaschistischen Rats der Volksbefreiung Jugoslawiens (AVNOJ). Ein Jahr später wird Tito, auf des-

Am 24. November 1953 gibt Marschall Tito bei den Einparteienwahlen seine Stimme ab.

sen Ergreifung die Deutschen ein Kopfgeld von 100 000 Reichsmark ausgesetzt haben, vom AVNOJ zum Präsidenten des Nationalkomitees gewählt und führt von jetzt an den Titel eines Marschalls von Jugoslawien. Dementsprechende Privilegien nimmt der Partisanenführer, immer von seiner jungen Geliebten begleitet, auch in den entlegensten Verstecken im Gebirge für sich in Anspruch. Für den Marschall werden eine eigene Milchkuh und ein im Karstgelände als Reittier völlig unbrauchbarer Araberhengst mitgeführt. Seine Verdienste um die Befreiung Jugoslawiens machen ihn jedoch unanfechtbar, denn von Beginn des Krieges an verfügt er als Einziger über ein landesweites Widerstandsnetz. Mit seinen Partisanen kann er ein Gebiet nach dem anderen befreien und so den Weg für ein neues Gesamt-Jugoslawien bereiten. Als einzigem Armeeführer eines besetzten Landes gelingt es ihm, die Besatzer aus eigener Kraft zu vertreiben. Im Sommer 1944 verhandelt Tito mit Churchill und Stalin über die Zukunft Jugoslawiens. Am 8. März 1945 bildet er in Belgrad die Regierung des neuen Staates, der am 29. November den Namen Föderative Volksrepublik Jugoslawien erhält. Ende 1948 beginnt Titos Auseinandersetzung mit Stalin, der Jugoslawien zu einem sowjetischen Satellitenstaat machen will. Tito dagegen schwebt ein ganz anderer, nicht-bolschewistischer, auf der Grundlage der Arbeiterselbstverwaltung basierender Sozialismus vor. Für diese Unbotmäßigkeit schließt Stalin („Ich werde den kleinen Finger bewegen, und es wird keinen Tito mehr geben.") Jugoslawien am 29. Juni 1948 aus dem Informationsbüro der Kommunistischen und Arbeiter-Parteien aus. Tito jedoch nimmt den Kampf gegen Stalin auf: Er lässt 15 000 jugoslawische Stalinisten zur „Umerziehung" auf eine Gefängnis-Insel vor der dalmatinischen Küste transportieren. Am 13. Januar 1953 wird in Belgrad eine Verfassungsänderung verabschiedet. Diese schreibt eine neue Gesellschaftordnung vor, die nach dem Vorbild der Arbeiterselbstverwaltung in den Betrieben gestaltet ist. Einen Tag später wird Tito zum Staatspräsidenten gewählt.

Im Jahr 1954 beginnt nach einer mit dem indischen Staatspräsidenten Nehru vereinbarten „Deklaration über die aktive friedliche Koexistenz" Titos Engagement als einer der Führer der Blockfreien Staaten. Diese versuchen in der Zeit des Kalten Krieges, zwischen Kommunismus und Kapitalismus ihren jeweils eigenen Weg zu gehen.

Vielvölkerstaat Jugoslawien

Innenpolitisch gelingt es ihm, in seinem in die gleichberechtigten Teilrepubliken Serbien, Kroatien, Slowenien, Montenegro, Mazedonien und Bosnien-Herzegowina aufgeteilten Vielvölkerstaat das Gleichgewicht zu erhalten. Aufkeimende nationalistische Strömungen werden mit rigorosen Maßnahmen schon im Keim erstickt. Großserbischen Ambitionen begegnet er damit, dass er die Vojvodina und den Kosovo zu Autonomen Provinzen erklärt. Im Ausland ist er ein angesehener Staatsmann – steht der zu Hause wie ein König residierende Marschall mit den Großen dieser Welt auf bestem Fuß. Am 4. Mai 1980 stirbt der 88-jährige Tito nach einem mehrwöchigen, in aller Welt verfolgten Kampf der Ärzte um sein Leben. Hunderttausende seiner Landsleute säumen die Gleise, als Titos Sarg mit einem Sonderzug nach Belgrad zur Bestattung gebracht wird, an der Staatschefs aus aller Welt teilnehmen. Bei der jugoslawischen Bevölkerung löst der Tod Titos Zukunftsängste aus. Wie berechtigt die Sorge der Menschen ist, zeigt sich schon bald: Alle nationalen Gegensätze kommen wieder offen zum Vorschein. In den 90er Jahren verlieren in dem auch auf kroatisches und serbisches Gebiet übergreifenden Bürgerkrieg in Bosnien-Herzegowina und im Kosovo 300 000 Menschen ihr Leben.

Seit 1990 amtiert in Belgrad der mit nationalistischen Parolen an die Macht gekommene serbische KP-Chef Slobodan Milošević als Präsident Jugoslawiens, zu dem außer Serbien seit der Abspaltung der anderen ehemaligen Teilrepubliken nur noch das ebenfalls nach Selbstständigkeit strebende Montenegro gehört. Auch in Kroatien und Bosnien-Herzegowina übernehmen mit den Präsidenten Franjo Tudjman († 1999) und Alija Izetbegović zwei Vertreter des nationalistischen Lagers das Präsidentenamt.

Der Mann, der die Mauer errichten ließ
Walter Ulbricht

So wie Konrad Adenauer im Westen prägte Walter Ulbricht im Osten Deutschlands fast ein Vierteljahrhundert der deutschen Geschichte nach dem Zweiten Weltkrieg. Mit autokratischem Führungsanspruch, beeindruckendem Organisationstalent und ideologischer Wendigkeit formte er die sowjetische Besatzungszone zur zweitgrößten Wirtschaftsmacht im Ostblock nach der UdSSR, die schließlich auch international als Staat akzeptiert wurde. Für einen kritischen westdeutschen Historiker galt der Staatsgründer Ulbricht als der „erfolgreichste deutsche Politiker seit Bismarck".

Walter Ulbricht
Daten und Fakten

1893	* in Leipzig
1921	Ulbricht wird hauptamtlicher Funktionär in der KPD
1928	Ulbricht wird in den Berliner Reichstag gewählt
1950	Wahl zum Generalsekretär der SED
1960	Ulbricht wird Staatsratsvorsitzender
1971	Ulbricht muss zurücktreten
1973	†

Im Jahr 1893 wird Ulbricht als Sohn eines sozialdemokratischen Schneiders in Leipzig geboren. Zu dieser Zeit ist von den Kriegskatastrophen und ideologischen Machtkonstellationen des 20. Jahrhunderts noch nichts zu ahnen. Deutschland ist mächtig, der Kaiser regiert und eine starke Sozialdemokratie verhilft der Arbeiterschaft und den Handwerkern mehr und mehr zu sozialen und teilweise auch politischen Rechten. Die Handwerker bilden das Establishment der SPD und Leipzig ist eine der Geburtsstätten der Partei. Ulbrichts Weg ist vorgezeichnet; er absolviert eine Tischlerlehre, tritt mit 14 Jahren der Sozialistischen Arbeiterjugend bei und wird 1912 Parteimitglied.

Der Beginn des Ersten Weltkriegs wird für Ulbricht zur ersten großen Wegscheide. Zusammen mit Karl Liebknecht gehört er zum linken Flügel der Partei und kämpft strikt gegen den Krieg und dessen Unterstützung durch die Reichstagsfraktion der SPD. 1918 wird er wegen Propaganda und Desertion zweimal verhaftet. Ulbricht verlässt die SPD und tritt dem Spartakusbund bei. 1919 beteiligt er sich an der Gründung der KPD in Thüringen. Beim Aufbau der hierarchischen Strukturen dieser Partei der Revolution zeigen sich schnell die organisatorischen Talente Ulbrichts. 1921 ist er als Sekretär der Bezirksleitung Großthüringens bereits hauptamtlicher Funktionär. Wiederum zwei Jahre später gehört er im Alter von 30 Jahren erstmals dem zweiten Führungskreis der Partei, dem Zentralkomitee an.

Karriere in den Kadern

In den folgenden Jahren steigt er systematisch die Leiter der Parteikarriere hoch, erhält in Moskau Schulung sowie politische Ausbildung und erringt ein Abgeordnetenmandat im Sächsischen Landtag. 1928 kommt er schließlich im Zentrum der deutschen Politik an, in der Reichshauptstadt Berlin. Er wird in den Reichstag gewählt und übernimmt die wichtige Aufgabe des Bezirksparteisekretärs von Berlin-Brandenburg. Der rasche und reibungslose Aufstieg Ulbrichts hat vor allem einen Grund: Keiner der Parteiführer sieht in ihm einen Konkurrenten. Er hält sich strikt aus allen innerparteilichen Meinungskämpfen heraus und konzentriert sich ausschließlich auf die Organisation der Partei. In den Jahren der Verfolgung und Illegalität nach 1933 erweist sich diese Taktik als wahre Stärke. Ulbricht organisiert den Widerstand im Untergrund, emigriert Ende 1933 erst nach Prag, später nach Paris und arbeitet seit 1936 für die Volksfront im spanischen Bürgerkrieg. 1938 siedelt er nach Moskau über. Sowohl seine Fähigkeit zur Vorwegnahme ideologischer Wendungen als auch seine persönliche und charakterliche Unauffällig-

Im Juni 1957 besucht Ulbricht die Bauern im Oderbruch. Hier spricht er mit „Einzelbauer" Willi Neumann aus Friedrichsaue.

Seite 118:
Der unnachgiebige Ulbricht wirkt wie ein freundlicher älterer Herr. Nichts deutet darauf hin, dass dieser Mann sein Volk zu Gefangenen im eigenen Land machte.

keit helfen ihm, die stalinistischen Säuberungen zu überleben, denen auch viele führende deutsche Kommunisten zum Opfer fallen. Am Ende des Zweiten Weltkriegs ist Walter Ulbricht genau der richtige Mann zur richtigen Zeit am richtigen Ort.

Die Sowjets bringen die so genannte „Gruppe Ulbricht" schon wenige Tage vor Kriegsende im April 1945 nach Deutschland. Es gilt, die kommunistischen Parteistrukturen wieder zu beleben und die Partei als erste Machtinstanz im sowjetischen Einflussbereich zu etablieren. In der 1946 aus der Vereinigung von KPD und SPD entstehenden SED ist Ulbricht – erst als stellvertretender Vorsitzender, seit 1950 als Generalsekretär – faktisch der mächtigste Mann im 1949 gegründeten autoritären Blockparteienstaat DDR.

In den 50er Jahren arbeitet Ulbricht vor allem an der Sicherung der Parteiherrschaft und seiner eigenen Macht. Er entscheidet die Richtungskämpfe in der Partei für sich und übersteht den Aufstand 1953 ebenso wie die Phase der Entstalinisierung 1956. 1960 erreicht er mit den Ämtern des Staatsratsvorsitzenden und des Vorsitzenden des Nationalen Verteidigungsrats eine fast diktatorische Machtfülle. Er besetzt nun alle entscheidenden Schlüsselpositionen. Ein Jahr später löst er das Grundproblem des jungen Staates durch einen radikalen Schritt. Er lässt die offene Grenze zu Westdeutschland durch den Mauerbau hermetisch abriegeln. Die Massenflucht

von Ostdeutschland nach Westdeutschland ist damit abrupt gestoppt. Die Phase der Machtergreifung und Staatenbildung ist vorbei, es folgen Jahre der Konsolidierung und des wirtschaftlichen Aufbaus.

Sturz durch den politischen Ziehsohn

1971 erzwingt eine Gruppe im Politbüro mit Erich Honecker an der Spitze im Einvernehmen mit Moskau Ulbrichts Rücktritt als Erster Sekretär. Die Bilanz der letzten zehn Jahre ist beeindruckend. Die kollektivierte Landwirtschaft funktioniert im Gegensatz zu allen anderen Ostblockländern und kann den eigenen Bedarf fast zur Gänze decken. Das Schul- und Fachausbildungssystem gilt international als beispielhaft. Dank eines pragmatischen Planungssystems gelingt ein kleines Wirtschaftswunder. Außenpolitisch ist die DDR de facto als Staat akzeptiert.

Gedankt wird es Ulbricht jedoch nicht. Der autoritäre Staat, den er aufgebaut hat, folgt seiner Logik. Er stirbt am 1. August 1973 in Einsamkeit und Verbitterung. In der Bevölkerung ist der schroffe und unnahbare Mann stets unbeliebt gewesen. Er hinterlässt viele Mauertote und das Leid ihrer Angehörigen sowie unzählige Opfer politischer Unterdrückung und eine halbe Welt in Gegnerschaft.

Rassismus und Apartheid als Staatspolitik
Balthazar Johannes Vorster

Johannes Vorster war der wichtigste Architekt der rassistischen Apartheidpolitik in Südafrika. Als Bildungs-, Justiz- und Premierminister brachte er die entscheidenden Gesetze zur Rassentrennung ein und sicherte die Bevorzugung der weißen Minderheit durch Repressalien und Gewalt.

Johannes Vorster
Daten und Fakten

1915	* in Jamestown
1940	Anwaltstätigkeit in Port Elizabeth
1953	Vorster wird Abgeordneter der Nationalen Partei
1962	Auf Vorsters Anregung hin wird ein Apartheidgesetz erlassen
1966	Vorster wird Premierminister
1978	Vorster muss sein Amt aufgeben
1983	† in Kapstadt

Vorster wird am 13. Dezember 1915 in Jamestown als dreizehntes Kind eines burischen Schafzüchters geboren. Trotz ärmlicher Verhältnisse kann er eine höhere Schule besuchen und anschließend an der Universität Stellenbosch Soziologie, Psychologie und Rechtswissenschaften studieren. Dabei kommt er zum ersten Mal mit Elitepolitikern des Apartheidstaates in Berührung. Seine Lehrer sind unter anderem der spätere Premierminister Verwoerd und der spätere Staatspräsident Dönges.

Bevor er sich 1940 als Anwalt in Port Elizabeth niederlässt, arbeitet er als Privatsekretär des Justizministers und späteren Generalgouverneurs van Zyl.

Überzeugter Nazi im Zweiten Weltkrieg

In den Jahren des Zweiten Weltkriegs führt Vorster die Junge Nationale Partei an und gehört zu den Gründern der faschistischen Ossowa-Brandwag-Organisation (Ochsenwagengarde), die gegen die Beteiligung Südafrikas am Krieg auf Seiten der Alliierten kämpft. 1942 bis 1944 wird er deshalb von den Briten, die das faktisch unabhängige Dominium zu dieser Zeit noch militärisch kontrollieren, interniert.

Nach Kriegsende schließt sich Vorster der Nationalen Partei an und wird 1953 Abgeordneter. Er kommt schnell von den parlamentarischen Hinterbänken nach vorne und tritt 1958 als stellvertretender Minister für Erziehung, Kunst, Wissenschaft, soziale Wohlfahrt und Pensionen ins Kabinett ein. In diesem Bereich macht er sich schnell einen Namen als entschiedener Verfech-

ter der Apartheid-Politik. Er ist entscheidend verantwortlich für den „Bantu Education Act", der Schwarzen und Indern ein Studium an den Universitäten verwehrt. Wegen seiner Rassenpolitik schließt der Commonwealth im Jahr 1961 Südafrika aus. Im Gegenzug proklamiert die Regierung die unabhängige Republik Südafrika und schafft die Monarchie ab. Bei der damit verbundenen Regierungsumbildung rückt Vorster zum Justizminister unter seinem Mentor aus Studienzeiten, Hendrik Verwoerd, auf.

Keine Rechte für die Schwarzen

Vorster soll vor allem die blutigen Unruhen 1960 nach dem Massaker von Sharpeville – hier waren Weiße die Drahtzieher – beenden und die Rassentrennung wiederherstellen. Vorster verhängt u. a. drastische Haftstrafen gegen schwarze Dissidenten.

Er zeichnet auch verantwortlich für die lebenslängliche Inhaftierung eines der Führer der schwarzen Oppositionsbewegung African National Congress (ANC), Nelson Mandela. Mit dem von Vorster angeregten so genannten „Sabotage-Gesetz" und dem „Gesetz zur Unterdrückung des Kommunismus" erhält die paramilitärische Polizei 1962/63 nahezu unumschränkte Vollmachten für repressives Vorgehen, Folter und Willkür gegen Farbige.

Im September 1966 wird Verwoerd während einer Parlamentssitzung ermordet. Vorster wird einstimmig zum Nachfolger im Parteivorsitz und damit zum Premierminister gewählt. In diesem Amt entwickelt Vorster entgegen allen Erwartungen auch realpolitisches Augenmaß.

Balthazar Johannes Vorster trifft bei den Gesprächen zur Situation im südlichen Afrika in Zürich mit dem amerikanischen Außenminister Henry Kissinger zusammen.

Zwar verschärft er die repressiven Maßnahmen weiter und forciert die Politik der praktischen Rassentrennung, aber er bettet sie in ein politisch-semantisches Konzept ein, das der rassistischen Ideologie und dem Besatzerdenken der weißen Minderheit die Schärfe nehmen soll. Ziel ist, die weltweite außenpolitische Isolierung zu durchbrechen und die Sonderstellung Südafrikas auf dem schwarzafrikanischen Kontinent zu beenden.

Nur formelle Freiheit: Die Homelands

Vorster proklamiert eine Politik der „getrennten Entwicklung" von Schwarz und Weiß in einem Land. Diese rassistische Politik beruht auf dem Prinzip der Apartheid, die eine radikale Rassentrennung fordert. Die weiße Bevölkerung, die nicht einmal ein Drittel der Bewohner Südafrika ausmacht, gilt dabei als die eigentliche Nation. Die Schwarzen unterteilt das Regime je nach Stammeszugehörigkeit und Sprache in neun „Bantunationen".

Jedes Homeland, das so weit wie möglich dem angestammten Territorium der Völker entsprechen soll, wird sodann in die formale Unabhängigkeit entlassen. Diese existiert allerdings nur auf dem Papier, de facto sind die Homelands nichts weiter als Kolonien, die den Ausbeuter Südafrika mit billigen Arbeitskräften versorgen.

In der Ära der Apartheid, die erst 1994 endet, bleibt die schwarze Bevölkerungsmehrheit praktisch rechtlos. Jede politische oder gesellschaftliche Betätigung in Parteien und Gewerkschaften ist verboten. Vom wirtschaftlichen Erfolg des Landes, der sich vor allem auf den reichen Goldvorkommen gründet, profitieren die „Bürger zweiter Klasse" nicht. In allen öffentlichen Gebäuden und Verkehrsmitteln ist die Rassentrennung vorgeschrieben. Angehörige verschiedener Rassen dürfen nicht heiraten.

In den zwölf Jahren seiner Amtszeit wird die rassistische Politik der Regierung trotzdem zunehmend unhaltbarer. Die Nachbarländer Angola und Moçambique werden aus der portugiesischen Kolonialhoheit in die Unabhängigkeit entlassen. Die Kontrolle über das lange Jahre besetzte und dominierte Namibia, das ehemalige Deutsch-Südwestafrika, muss Schritt für Schritt aufgegeben werden. Im benachbarten und von Weißen beherrschten Rhodesien ist ebenfalls ein Ende der rassistischen Vorherrschaft absehbar.

In dieser politischen Situation gibt Vorster 1978 das Amt des Premierministers auf und wechselt im gleichen Jahr in das Amt des Staatspräsidenten. Eine Korruptionsaffäre zwingt ihn jedoch im darauf folgenden Jahr zum Rücktritt. Das politische Erbe seiner halsstarrigen und unmenschlichen Politik belastet das Zusammenleben von Schwarzen und Weißen in Südafrika bis heute. Die 1996 gegründete „Kommission für Wahrheit und Versöhnung" unter der Leitung des Friedensnobelpreisträgers Bischof Tutu soll die Verbrechen in der Zeit der Apartheid ans Licht bringen und zur Aussöhnung zwischen Schwarzen und Weißen beitragen.

Militärdiktator unter dem Mantel des Islams
Mohammad Zia ul-Haq

Der pakistanische General Mohammad Zia ul-Haq errichtete während seiner Regentschaft zwischen 1978 und 1988 in seinem Heimatland eine blutige Militärdiktatur, die eine umfassende Islamisierung zum Ziel hatte. Der Diktator kam 1988 bei einem Flugzeugabsturz ums Leben – vermutlich handelte es sich dabei um ein Attentat.

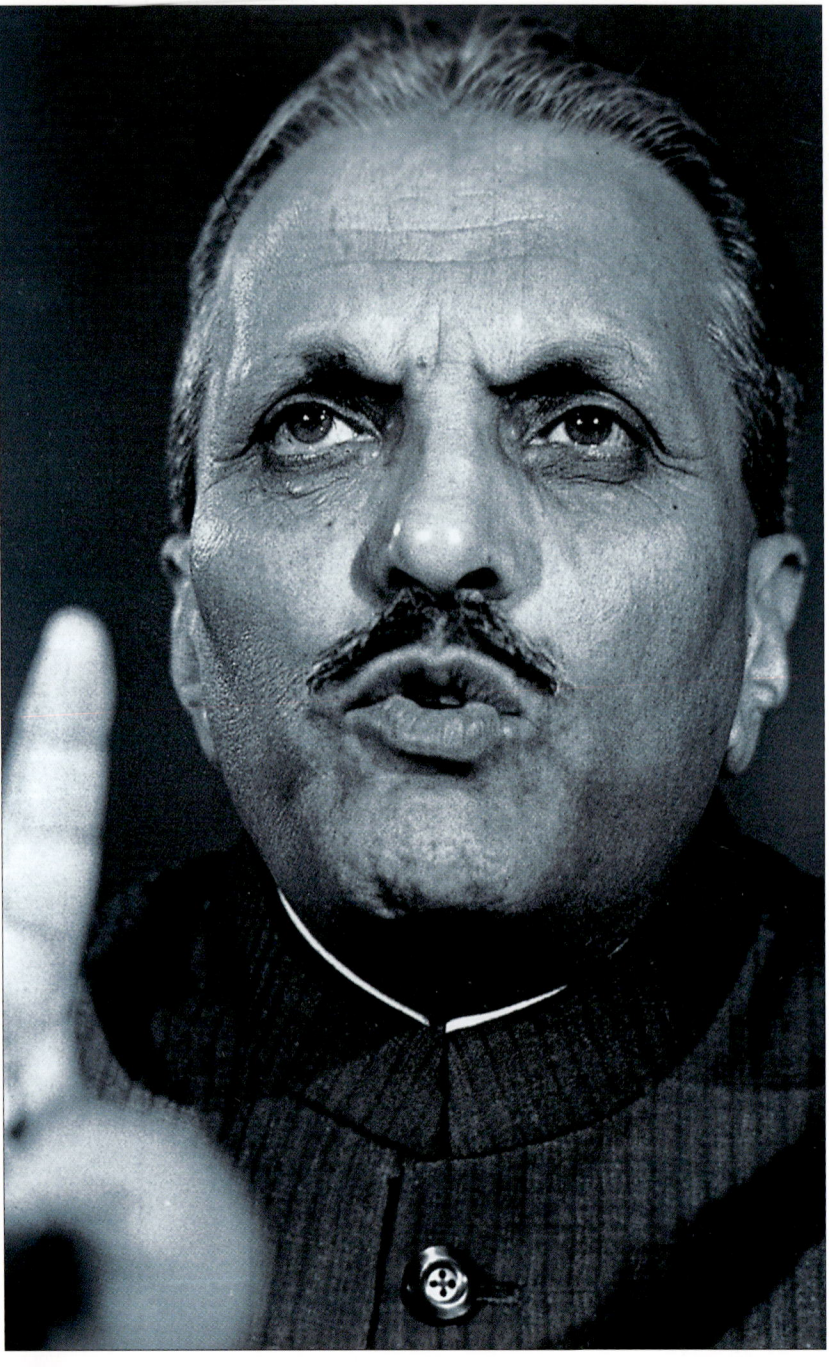

Mohammad Zia ul-Haq wird 1924 in Jullundur geboren. Dieser Teil der Provinz Punjab gehört heute zu Indien. Als ausgebildeter Soldat kämpft er im Zweiten Weltkrieg für die britischen Streitkräften in Indonesien, Birma und dem heutigen Malaysia.

Nach Kriegsende schlägt er die Offizierslaufbahn ein. Er tritt in die bei Gründung des pakistanischen Staates neu gebildete Armee ein und macht dort rasch Karriere. 1964 wird er, im Rang eines Oberstleutnants, Instrukteur an einer Militärschule. 1975 avanciert Zia ul-Haq zum Generalleutnant.

Rund ein Jahr später ernennt ihn der amtierende pakistanische Präsident Zulfikar ali Bhutto gegen den Willen seiner Berater zum Stabschef des Heeres. Die gerade erst gegründete Pakistan National Alliance (PNA), die sich aus neun oppositionellen Parteien des Landes zusammensetzt und sich für eine stärkere Islamisierung einsetzt, entwickelt sich rasch zu einem bedeutenden Faktor in der Politik des Landes. Bei den Wahlen von 1977 siegt Bhutto zwar, doch werfen ihm politische Gegner massive Manipulationen vor. Blutige Unruhen sind die Folge, in deren Verlauf mehr als 350 Menschen sterben und fast 30 000 Personen verhaftet werden. Bhutto reagiert mit einer Ankündigung von Neuwahlen im kommenden Herbst.

Unblutiger Putsch mit blutigen Folgen

Doch Zia ul-Haq nutzt die Gunst der Stunde und bringt sich durch einen unblutigen Putsch an die Macht. Er verhängt das Kriegsrecht und

Bei einer Pressekonferenz im Jahr 1986 gibt sich der strenge Fundamentalist Zia ul-Haq freundlich und volksnah.

Mohammed Zia ul-Haq
Daten und Fakten

1924	* in Jullundur
1975	Zia ul-Haq wird Generalleutnant
1977	Zia ul-Haq bringt sich durch einen unblutigen Putsch an die Macht
1979	Zia ul-Haq verkündet die Einführung des islamischen Systems in Pakistan
1988	† (Flugzeugabsturz)

Ein General auf dem Kreuzzug für den Gottesstaat: Zia ul-Haq.

führt als oberster Kriegsrechtsadministrator die Regierungsgeschäfte. Zunächst werden etliche politische Gefangene freigelassen, der ehemalige Präsident Bhutto aber bleibt in Haft. Schließlich wird Bhutto auf Grund einer undurchsichtigen Anklage wegen Anstiftung zum Mord zum Tode verurteilt und am 4. April 1979 trotz internationaler Proteste gehängt. Dadurch ausgelöste Unruhen lässt Zia ul-Haq blutig niederschlagen.

Ein religiöser Eiferer

Der tief gläubige Muslim erklärt seine militärisch-politischen Aktionen stets auch mit religiösen Beweggründen. Beim Sturz des eher pro-westlich orientierten Präsidenten Bhutto beispielsweise erklärt der frühere Generalleutnant, es tue ihm Leid, im Interesse Pakistans einen Mann entmachten zu müssen, den er geschätzt habe und der sein Bestes versucht habe. Ohne des Geist des Islam aber, so Zia ul-Haq, könne Pakistan nicht überleben. Die strikte Durchsetzung des religiösen Alkoholverbots gehört noch zu den banalsten Forderungen des gläubigen Anhänger des Islam. Drakonische Strafen im Sinne des Korans, Prügel oder Verstümmelungen etwa, werden bald eingeführt. Das Vorbild des Iran hat starken Einfluss. Im Februar 1979, pünktlich zum Geburtstag des Propheten Mohammed, verkündet Zia ul-Haq die Einführung des islamischen Systems in Pakistan, die allerdings nicht so erfolgreich wie geplant verläuft.

Obwohl er auch von Gefolgsleuten wegen seiner Entscheidungsschwäche kritisiert wird, kann sich Zia ul-Haq zehn Jahre lang im Amt halten. Eine landesweite Volksabstimmung im Dezember 1984 über die weitere Islamisierung und den Verbleib von Zia ul-Haq im Amt ergibt eine Zustimmung von 98 Prozent; die Opposition jedoch geht von Wahlfälschung aus. Im Sommer 1988 kommt Zia ul-Haq bei einem Flugzeugabsturz ums Leben. Seine Nachfolge tritt im November 1988 die Tochter des ermordeten Zulfikar Ali Bhutto an: Benazir Bhutto ist die erste Frau an der Spitze eines islamischen Staates.

Register

Personenregister

Sachregister

Ortsregister